Karin & Gerold Voß

Sanat Kumara
Die letzte Schwelle vor dem Aufstieg

Zukunftsausblick der Aufgestiegenen Meister

Bitte fordern Sie unser kostenloses Verlagsverzeichnis an:

Smaragd Verlag
In der Steubach 1
57614 Woldert (Ww.)
Tel.: 02684-97848-10
Fax: 02684-97848-20
E-Mail: info@smaragd-verlag.de
www.smaragd-verlag.de

Oder besuchen Sie uns im Internet unter der obigen Adresse.

© Smaragd Verlag, 57614 Woldert (Ww.)
Deutsche Erstausgabe: Januar 2012
Dritte Auflage: September 2013
© Cover: © Stefan Kuhn - Fotolia.com
Umschlaggestaltung: preData
Satz: preData
Printed in Czech Republic
ISBN 978-3-941363-69-4

Karin & Gerold Voß

Sanat Kumara
Die letzte Schwelle vor dem Aufstieg

Zukunftsausblick der Aufgestiegenen Meister

Smaragd Verlag

Über die Autoren

Karin und Gerold Voß, beide Jahrgang 1955, sind seit 1977 verheiratet und haben zusammen vier Kinder.

1991 kamen sie durch Ohrenprobleme ihrer Tochter mit Reiki in Kontakt, wodurch das Interesse an der Geistigen Welt und allen damit verbundenen Themen geweckt und immer größer wurde.

Es war die Vorbereitung auf den stärksten Weckruf für sie, als sich ihr Sohn Simon im Jahr 2006 unerwartet zum Heiler veränderte. Seine Ausstrahlung und seine Fähigkeiten führten dazu, dass der Seelenplan für alle Familienmitglieder deutlicher wurde.

Karin und Gerold geben heute, als Kristallfamilie, die Botschaften für die Neue Erde über Bücher, Seminare, Workshops und andere Veranstaltungen weiter.

www.kristallfamilie.de
info@kristallfamilie.de

Inhalt

Sanat Kumara:
Der tiefe Glaube an die Menschen 7

Sanat Kumara:
Zukunftsausblick –
Die paradiesische Erde von oben gesehen 18

Sanat Kumara:
Vieles beginnt durch die Neuen Kinder 28

Sanat Kumara:
Alte und neue Energien im Zusammenspiel 37

St. Germain:
Werkzeuge zur Gestaltung der Zukunft 48

Kuthumi:
Mit Leichtigkeit und Freude in die Neue Zeit 56

Hilarion:
Dein Pfad der Wahrheit 62

St. Germain:
Die vollständige Umwandlung eurer Gesellschaft 68

Sanat Kumara:
Veränderungen für eure Lebensmittel 80

Sananda:
Die Liebesschwingung als Feuertaufe..................91

Sananda:
Zukunftsausblick –
Ausflug in eine vollkommene Welt.................. 101

Sanat Kumara:
Die Lebensräume der Erde neu gestalten.............. 110

Serapis Bey:
Die letzte Schwelle vor dem Aufstieg................ 120

Kuthumi:
Wissen und Weisheit in eurer Zukunft................ 130

Sanat Kumara:
Partnerschaften und Sexualität im Wandel............ 141

Sanat Kumara:
Die Entwicklung der Erde zum Paradies............... 152

Sanat Kumara:
Kontakt zu den Brüdern und Schwestern
der Sternenvölker.................................. 161

Sanat Kumara:
Der tiefe Glaube an die Menschen

ICH BIN Sanat Kumara.

Ich grüße euch mit der Kraft der Liebe, die ohne Unterlass das Universum durchströmt und, von der Quelle ausgehend, alle Ebenen der sichtbaren und unsichtbaren Welt erreicht. Nichts bleibt von ihr unberührt. Alles ist in Liebe entstanden und wird in der Liebe leben, sich weiterentwickeln und ausdehnen, bis sich der Kreis geschlossen hat, bis jede Emanation der Quelle wieder an ihrem Ursprung angekommen ist.

Ihr seid jetzt auf diesem Planeten, in diesem Sonnensystem, mit eurer Existenz, eurem Sein, in einem relativ weit vom Ursprung entfernten Bereich – weit abgetrennt, und doch ganz nah. Mit allem eurem Sein habt ihr euch isoliert, und es ist doch nur ein Schritt, um wieder ganz bei der Quelle, ganz dort zu sein, woher ihr ursprünglich kommt. Ihr habt euch mit besonders dicken und stark entwickelten Isolationsschichten umgeben, damit ihr tatsächlich dieses Leben so leben könnt, wie ihr es führen wollt. Ohne diese Isolationsschichten würdet ihr im All-Eins-Sein versinken, darin schwimmen und euch in einer Art und Weise darin verlieren, dass ihr euer persönliches, individuelles Leben nicht führen könntet.

Nach und nach kommen Momente im Leben eines jeden Menschen, in denen sich eine Ahnung entwickelt, ein

Sehnen, ein Öffnen und ein Spüren, dass sich die Tore zu einer neuen Ebene öffnen, einem anderen Bewusstsein, einem Näherkommen zur Quelle, zu dem, was noch ist, zu der eigenen inneren Göttlichkeit. Es geschieht zurzeit viel Neues auf dieser Erde: Viele Frequenzen sind dabei, umzuschalten und andere Grundgegebenheiten zu formen, um das Leben in Richtung Liebe, Zugehörigkeitsgefühl, Verbundenheit untereinander und mit dem eigenen göttlichen Kern, der Seele in euch selbst, wieder ganz neu auszurichten.

Das sind die neuen Frequenzen, die jetzt immer stärker werden, sich immer mehr entwickeln, bis sie eine Stärke erreichen, – ihr würdet es auf der Erde vielleicht eine Feldstärke nennen, wenn ihr von solchen Schwingungen sprecht – eine Feldstärke, die noch niemals so hoch war und die in den nächsten zwei Jahren ihren Höhepunkt erreichen wird, auf dem sie dann lange bleibt. Diese neuen Frequenzen werden viele Dinge verändern, erst ganz subtil und leicht, und dann immer mehr. Sie sind jetzt schon dabei, den Körper der Erde zu verändern, was ihr an ihren Erschütterungen und den Ausbrüchen ihrer Vulkane spürt. Ihr werdet sie in der nächsten Zeit immer wieder erleben, und sie wird sich immer weiter in Richtung Klärung und Heilung fortbewegen, damit sie als ganzer Planet in einem Gleichgewicht ist, wenn die Feldstärken auf dem Niveau angekommen sind, auf dem sie dann lange Zeit bleiben.

Die Erde bereitet sich darauf vor, den Menschen dabei

zu helfen, in dieser neuen Dimension, in diesem neuen Bewusstsein, das sich durch diese Frequenzen mitentwickelt, eine Grundlage zu bilden, die anders wird und auf einem **Mit**einander beruht, nicht mehr auf einem **Gegen**einander. Das Spiel, das bis jetzt auf dieser Erde gespielt wurde, auf dem sich alle auf ihr befindlichen Wesen getummelt haben, um ihre eigenen, ganz individuellen Interessen – auch gegen die Interessen der anderen – immer wieder durchzusetzen, neigt sich dem Ende zu. Ihr kennt einen Teil eurer Geschichte und wisst, dass es in allen Regionen dieser Erde immer wieder so war.

Nun denkt ihr: Was erzählt er uns da bloß? Was will uns dieses Engelwesen sagen? Wir sehen immer noch überall Kriege und die Auswirkungen des Gegeneinanders und noch nicht viel von dem Miteinander, von dem immer wieder gesprochen wird. Und ich sage euch: Ja, das ist so, und zwar aus dem Grund, weil sich das Bewusstsein der Menschen erst nach und nach diesen neuen Frequenzen anpassen muss, bis es eine Ebene erreicht, in der es nicht nur mit dem Krieg gegen sich selbst aufhört, sondern auch mit den Kriegen gegen alle andere Wesen, die auf dieser Erde leben. Gerade Kriege gegen Tiere und Pflanzen sind ein Merkmal eurer unbewussten, alten Expansionskraft, die sich gegen alles durchsetzt, was lebt. Ihr werdet nach und nach spüren, dass ihr euch damit nur selbst schadet.

Es wird nicht nur aus diesem Grund Veränderungen

geben, sondern auch, weil sich euer Mitgefühl über die Menschheit hinaus ausdehnen wird. Nach und nach wird euer Herz so weit aufgehen und sich für alle Wesen dieser Welt öffnen, dass ihr euer Verhalten aus Liebe zu anderen ändern werdet – nach und nach, Schritt für Schritt. In zwei, drei Generationen werdet ihr diese Welt, diese Erde, so, wie sie jetzt ist, nicht wiedererkennen. Es wird ein Wandel auf der Herzensebene geschehen, der sich auch auf alle eure äußeren Lebensumstände auswirken wird. Ihr werdet eine Gesellschaft haben, die auf dem Prinzip der Liebe miteinander umgeht, und zwar nicht nur untereinander, innerhalb der Menschheit, nein, auch mit den Tieren, Pflanzen und anderen Wesen, die sich noch dazugesellen werden.

Ihr werdet eine lebendige Gemeinschaft des Lebens bilden, die sich auf allen Ebenen liebevoll unterstützt und einen Planeten erschafft, der wie der Phönix aus der Asche der vergangenen Jahrtausende steigt und wie ein neues, wunderbares Juwel aus den Kriegen und Verletzungen der letzten Jahrtausende auftaucht. Er wird aufsteigen und in einer Kraft und Stärke leuchten, die ihr kaum für möglich haltet. Und ihr werdet mit ihm leuchten. Ihr werdet jeder und jede für sich ein Leuchtfeuer sein, das auf diesem Planeten wiederum andere Lichter anzündet. Diese Impulse, die aus dem Herzen kommen und voller Liebe aus euch herausströmen, werdet ihr weitergeben und weitergeben und weitergeben, und es wird wie eine Pandemie über diesen Planeten gehen, eine Pandemie der Herzen, der Herzensöffnungen, der Herzensentwicklungen, der Liebesentwicklungen. Diese Schwingung der Liebe ist die Frequenz der Zukunft, die alles verändern wird.

Das alles werdet ihr in einer Selbstverständlichkeit und Zuversicht und mit eigenem inneren Willen tun. Ihr werdet so viele Erfahrungen in euch fühlen und spüren, die ihr über Tausende von Jahren in verschiedenen Körpern erlebt habt, dass ihr dieser vergangenen Auseinandersetzungen des Egoismus, der Kriege, der gegenseitigen Kämpfe überdrüssig seid, weil euer Herz es nicht mehr mitmachen will und die Liebesschwingung, die rundherum ist, diese Ebenen auch nicht mehr zulässt. Alle Menschen werden sich also in diese Richtung verändern, und die Tiere – angebunden an ihre eigenen Seelenebenen – werden es auf ihre Weise auch tun. Pflanzen, Bäume, Gräser, Blumen usw. sind sowieso schon in einem ständigen Geben und Nehmen in der Balance, sodass sie nichts mehr verändern müssen. Sie haben ihr Ziel schon lange erreicht.

Jetzt geht es darum, dass die Wesen, die ihren Körper weiterbewegen können, diese Ziele auch noch erreichen. Ihr seid auf einem guten Weg, der längst begonnen hat, und lange Zeit wusste niemand genau, ob ihr die Ziele tatsächlich erreicht. Doch 1987, als die große Überprüfung war, habt ihr gezeigt, dass sich diese Erde mit allen Bewohnern in eine Richtung weiterentwickelt, die diese Schwingung möglich werden lässt. In den letzten Jahren habt ihr nicht nur geschlafen, sondern auf dieser Erde tatsächlich etwas bewirkt, auch wenn ihr euch manchmal dessen nicht bewusst wart.

Das Bewusstsein auf dieser Erde ist um ein Vielfaches gewachsen; das des Einzelnen und das ganzer Bevölkerungsgruppen hat dazu beigetragen. Ihr habt euch geöffnet, Grenzen gesprengt, Erweiterungen zugelassen und Schwingungen durchgelassen und integriert, die vor dreißig Jahren nicht denkbar gewesen wären. Nun beginnt diese Vorarbeit Früchte zu tragen. Und zwar deshalb, weil es immer mehr Menschen gibt, die sich darum kümmern, dass untereinander mehr Harmonie entsteht und sich Gegensätze nicht so stark ausprägen können. Ihr werdet zwar immer wieder erleben, dass es auch kleine Gegenbewegungen gibt, die noch einmal die alten Kräfte stärken, aber das sind kleinere Widerstände in einzelnen Wesen und Gruppen, die noch dabei sind, sich zu verändern. Das gehört zu diesem Entwicklungsprozess dazu.

Ihr seid also auf einem wunderbaren Weg, die Liebe eures Herzens immer mehr auszudrücken und sie in euch zu fühlen, zu spüren, dass diese Liebe eures Herzens ganz bei euch ist und ihr von ihr genauso berührt werdet wie euer Gegenüber. Sei es durch Blicke, Gesten, kleine Aufmunterungen oder ein tiefes Verstehen. Wenn diese Entwicklung einen vorläufigen Höhepunkt erreicht hat, werdet ihr euch vollkommen eins mit dem anderen fühlen, ihn oder sie tatsächlich in seiner/ihrer Ganzheit erleben, als ob ihr es selbst wärt. Dieses Hineinfühlen, Hineinsinken, Verschmelzen mit einer anderen Person kann euch auch mit der Natur, mit Tieren, Wesen, ja, mit ganzen Landschaften geschehen, die ihr seht oder in denen ihr lebt. Hier entwickelt sich bei den Einzelnen immer mehr ein All-Eins-Bewusstsein. Aber es gibt noch individuelle Widerstände bei Menschen, die Angst haben, sich dort hineinzubewegen und nicht wieder herauszukommen, die einen Rückzieher machen, wenn sich ein solcher Ansatz in ihnen bemerkbar macht.

Dieser Lernprozess wird durch die hohe Schwingung unterstützt, die der Planet jetzt hat. Ihr werdet viel leichter als Generationen vor euch in das Bewusstsein der Ganzheit kommen und in das Bewusstsein der Erleuchtung hineingeraten, und es gehört nicht mehr dazu, als der tiefe innere Wunsch, es zu erleben, und die Bereitschaft, alles anzunehmen, was dazugehört. Denn immer, wenn ihr euch auf diesen Weg begebt – im Grunde genommen seid ihr schon seit Jahrzehnten auf diesem Weg – gibt es einen Punkt, an dem es kein Zurück mehr gibt, an dem sich das Bewusstsein nicht mehr ausschalten lässt, an dem ihr mit eurem Fühlen, Denken und Spüren genau wisst, dass es nie wieder so wird wie vor drei oder zehn Jahren, oder welcher Zeitpunkt auch immer in euren Gedanken existiert. Ihr wisst dann, dass es nur noch in die Richtung geht, die ihr eingeschlagen habt. Es ist ein wunderbares Gefühl, das manchmal auch ein wenig von Trauer begleitet ist, weil ihr ja auch viele schöne Dinge in dem sogenannten „alten" Leben erlebt habt, die nun unwiederbringlich nicht mehr zu euch passen und nicht mehr zu eurer Bewusstseinsentwicklung gehören, zu dem Bewusstseinsstand, den ihr dann erreicht habt.

So wird es immer wieder ein Abschiednehmen von alten Gewohnheiten geben und ein Herantasten an neue Ebenen des Lebens, ein neues Erfahren und Erkunden des eigenen Seins. Auf diesem Weg sind alle Menschen, ob nun bewusst, oder eher unbewusst. Wenn jeder, der auf diesem Weg ist, sich dort bewusst hineinbegibt und ihn über seine eigene Bewusstheit mitsteuert, bewusst mitschafft und diese Liebesenergie auch hält, fördert, steigert und in sich selbst fühlt, liegt hier eine große Chance, dass sich etwas entwickelt, das sich am Ende in einer Vollkommenheit ausdrückt, die ihr deutlich in euch fühlen könnt. Dieses Vollkommensein, Erleuchtetsein, Angehobensein in die eigene göttliche Kraft ist das erste Ziel auf eurem Weg, der Schritt in die nächste Dimension, in die Zukunft der Erde, der Menschheit und der Gemeinschaft mit allen Wesen, die auf diesem Planeten zu Hause sind.

Über die Gemeinschaft des Planeten hinaus werdet ihr mit den Sternenvölkern Kontakt haben und euch immer mehr zu einem Volk, zu einem Bewusstsein entwickeln, das mit der galaktischen Familie Kontakt aufnimmt und seine Antennen nicht nur im Bereich der Materie ausfährt und Sonden in den Weltraum sendet, sondern mit dem eigenen Bewusstsein empfangen und aufnehmen kann, was aus anderen Sternenwelten gesendet wird. Und ihr werdet selbst hinaussenden, was ihr hier habt und erlebt.

So wird in der Zukunft ein reger Austausch stattfinden.

Ihr seid dann in einem höheren Bewusstsein. Vielleicht habt ihr noch diesen Körper, der aber schon wandelbar ist und dichter oder durchlässiger sein kann. Auf jeden Fall wird er sich anders anfühlen als jetzt, denn ihr seid dabei, den sogenannten Lichtkörper zu entwickeln, der anders schwingt und andere Möglichkeiten hat, wahrzunehmen, Kontakte aufzubauen, zu hören, zu sehen und zu fühlen, auch darüber hinaus, was ihr jetzt mit euren fünf Sinnen könnt. In diesem Bereich wird sich noch vieles entfalten, und ihr habt wunderbare Möglichkeiten, auf dieser Erde in der Neuen Zeit dort hineinzuwachsen, es auszuprobieren, zu forschen und in eurem eigenen Sein alles zu entdecken, was es zu entdecken gibt.

ICH BIN Sanat Kumara, der Hüter und Logos dieses Planeten, und ich begleite die Entwicklung der Erde von Anbeginn an. Ich kenne jede Seele, die auf dieser Erde lebt, sehr gut. Ich habe euch immer die Energien gehalten, die ihr gebraucht habt, um euch zu dem zu entwickeln, was ihr jetzt seid. Ich habe immer die Energien des Planeten mitgelenkt und gehalten, damit euch die Grundlagen für euer Sein so gegeben werden, wie ihr sie braucht. Ich bin ein Mittler zwischen der göttlichen schöpferischen Kraft und den tieferen Schwingungen, die ihr auf der Erde benötigt.

Es gab eine Zeit, in der viele andere Wesen im Weltraum gesagt haben: „Lasst uns neu beginnen, die Erde ist mit dem Experiment am Ende. Lasst die Engel aus ihren Menschenkörpern zurückkehren und die Wesen der Pflanzen und Tiere sich zurückziehen, damit sie wieder in die göttliche Präsenz hineinkommen und wir ein neues Spielfeld aufmachen können, denn dieses alte Spiel ist ausgespielt. Es hat seinen Sinn und Zweck erfüllt. Die Wesen haben gespürt, wie stark die Erde und die Dichte dieses Planeten sie beeinflussen, und es wird zu schwierig für sie, aus eigener Kraft, mit eigenem Willen aus dieser Tiefe der Materie herauszukommen, aus dieser Tiefe und Dichte, die sich so entwickelt hat, dass Schmerz, Leid und Dumpfheit eher das Hauptmerkmal sind."

Es gab auch andere Kräfte, die gesehen haben, dass Potenziale vorhanden sind und die Wesen der Erde die Möglichkeit haben, sich mit der Kraft der Erde und der Liebe so zu entwickeln, dass sich auch daraus eine neue Erde, eine neue Ebene, ein neues Weiterleben entwickeln kann, ohne dass alles zurückgezogen werden muss, sondern man es im Bewusstsein derjenigen weiterformen und weiterführen kann, die jetzt hier sind. Viele von euch, die jetzt auf dieser Erde sind, haben „Ja" dazu gesagt, um andere zu wecken und ihnen zu zeigen, wie es wirklich weitergehen kann, die auch an praktischen Beispielen beweisen, dass ein Miteinander untereinander funktioniert, wenn alle guten Willens sind und sich im Herzen verbinden. Dann kann die Erde sich zu einer neuen Welt entwickeln, die mit ihrer Liebeskraft, Schönheit und Ausstrahlung alles in den Schatten stellt, was vorher war.

Daran habe ich immer geglaubt, und ich bin euch immer sehr nahe gewesen, auch in euren tiefsten und dunkelsten Zeiten. Ich habe eure Schmerzen und euer Fühlen gespürt, als wenn ich es selbst erlebt hätte. Ich bin mit euch in diese Tiefen hinuntergegangen, habe gefühlt, wie schmerzhaft es für euch manchmal war, und gesehen, dass hinter allem Schmerz und Leid, hinter aller Tiefe und Dunkelheit, hinter allen Depressionen und Schwärze eurer Nächte ein so großes Potenzial von Licht und Liebe steckt, dass es sinnvoll ist, weiterzumachen und es zum Prinzip der Liebeskraft gehört, dieses Experiment nicht zu beenden, sondern es weiterzuführen, um das Potenzial des Aufstiegs auszuloten und mit euch zu entwickeln.

Und nun sind wir an dem Punkt, an dem immer mehr Menschen auch in ihrem Verstand lernen, wie ihr Tagesbewusstsein und ihre Seele sich miteinander verbinden und auf diese Weise neues Bewusstsein entsteht. Das ist der Schritt: Das Tagesbewusstsein, der sogenannte Verstand, und die Seele verbinden sich und bilden eine gemeinsame Ebene des Seins, die eine völlig andere Ausstrahlung haben wird, als es bei euch bisher der Fall war.

Auf diesem Weg begleite ich alle Erdenwesen und sende euch die Liebe und Kraft des Universums. Sie ist immer bei euch.

ICH BIN Sanat Kumara.

Sanat Kumara:
Zukunftsausblick – Die paradiesische Erde von oben gesehen

ICH BIN Sanat Kumara.

Ich werde dich jetzt auf eine Reise in eine Welt mitnehmen, die sich nach und nach für euch öffnen wird, die ihr euch selbst erschafft und die zum Teil schon in eurem Bewusstsein vorhanden ist – als Sehnsucht und inneres Gefühl. Ich werde die Führung übernehmen in eine potenzielle Möglichkeit, in einen Bereich hinein, der so oder ein wenig abgewandelt entstehen wird.

Stell dir vor, dein Atem fließt tief und hoch in dir, und du spürst langsam Ruhe in deinem Körper einkehren. Du nimmst wahr, wie dein Körper sich immer mehr entspannt. Nach einigen Atemzügen ist ein Zustand erreicht, in dem du mir gut folgen kannst und dich aus deinem Körper herausbewegst wie Nebel, der über den Feldern aufsteigt und der Sonne entgegengeht. Steige aus deinem Körper auf und fühle, wie du schwebend über die Landschaft hinweggleitest. Dann merkst du, wie die Landschaft, über die du dich bewegst, ein wenig wackelt, so, als ob sich hier ein Bewusstseinsfeld ändert und du dich in eine andere Dimension hineinbewegst.

In dem Moment, in dem du das erlebt, siehst du die Erde plötzlich in einem anderen Licht: die Farben heller, schöner, strahlender. Selbst die Wolken sehen anders aus. Sie wirken freundlicher, liebevoller, und die Erde mit den Bergen und Tälern, den Wäldern und Feldern, den Wiesen und Auen, den Flüssen und Seen wirkt auf eine Art und Weise magisch schön, wie du es dir noch nie vorgestellt hast. Es ist, als ob du in einem Märchen bist. Und nun, wo du über diese Märchenlandschaft hinweggleitest, führe ich dich ein wenig tiefer, und wir sehen in einem Tal eine kleine Siedlung an den Südhang eines Berges angeschmiegt, die fast nicht zu erkennen ist; mit Häusern und Hütten, die so gebaut sind, dass sie mit der Erde eine Einheit bilden. Und doch siehst du Menschen, die ihrem Lebenswerk nachgehen. Einige sind mit Kindern unterwegs, um ihnen die Landschaft nahezubringen, Tiere mit ihnen zu beobachten oder einfach die Schönheit der Natur wirken zu lassen. Andere sind dabei, Obst und Früchte zu ernten, und wieder andere siehst du weiter entfernt, an einer Stelle, an der ein großes Teleskop in den Himmel zeigt. Sie sind dabei, ihre Auswertungen zu machen und Forschungen zu betreiben.

Es ist eine kleine Siedlung mit nur wenigen Hundert Menschen, und doch ist hier die gesamte Vielfalt vorhanden, und jeder kann sich in seinen Bereich zurückziehen. Menschen, die sich in größeren Gruppen zusammentun, sowie jene, die sich allein oder zu zweit in kleinere Wohnungen hineinbegeben. Du siehst hier eine solche Vielfalt des Miteinanderlebens und -seins, wie es auf der alten Erde nicht möglich gewesen wäre. Jeder und jede kann hier für sich entscheiden, ob er oder sie für sich alleine, mit einem Partner zusammen sein oder in einer großen Gruppe von Menschen leben möchte, die sich gegenseitig befruchten und ergänzen. Hier gibt es viele Möglichkeiten, miteinander zu leben und voneinander zu lernen.

Hier sind die Menschen – wie du siehst – einander zugetan. Sie begegnen sich in wirklichen Begegnungen, laufen nicht aneinander vorbei, ohne sich zu grüßen, es fehlt die Hektik der Welt, die ihr kennt. Sie sehen sich mit dem Herzen und fühlen, ob es dem anderen gut geht und er in seiner Kraft steht, oder ob eine Schwäche entstanden ist – aus welchem Grund auch immer. Und hier gibt es sofort die Möglichkeit, jede kleine Schwäche zu kurieren, alles auszugleichen und zu balancieren, was nicht im Gleichgewicht ist, sei es nun in den Gefühlen, im Denken oder sogar im Körper, wobei es Letzteres in dieser Welt fast gar nicht gibt, weil alle Ebenen des Seins schon wieder in die Balance gebracht werden, bevor es sich auf der körperlichen Ebene ausdrückt.

Eine Zeit lang beobachtest du und bist fasziniert von der Freundlichkeit, dem herzlichen Miteinander dieser Menschen und der Liebe, die in allen Gesten, Worten und Bewegungen mitschwingt. Es ist ein solche Wohltat für dich, diese Fröhlichkeit und Zuvorkommenheit zu sehen, wie die Menschen aufeinander eingehen und schon im Vorfeld wissen, was der andere denkt und fühlt, dass du in deinem Herzen tief berührt bist. Weil du aus einer Ebene kommst, in der noch mehr Misstrauen als Vertrauen herrscht, kannst du nicht glauben, dass diese neue Welt in ihrer Gesamtheit in dieser neuen Energie schwingt, sondern lediglicht diese eine Siedlung.

Deshalb machen wir uns auf den Weg, eine andere, weitere Siedlung zu besuchen, eine größere Stadt. Und während wir fast schwerelos über diesen Planeten gleiten, sehen wir in der Ferne futuristische Gebilde. Hier gibt es die kunstvollsten Bauten: Türme und Spitzen, runde Häuser, die wie Glaskuppeln aussehen. Kurz: alle möglichen wohltuenden Formen und Farben, Gläser und Ebenen, in denen Menschen wohnen. Kein Haus oder Gebäude sieht aus wie das andere. Alle sind unterschiedlich, und jedes ist auf seine Art schön. Es gibt kein Gebäude, das deinem inneren Blick nicht standhalten könnte, das du abstoßend oder nicht anziehend fändest. Alles ist harmonisch miteinander verwoben, und überall gibt es Wege, die die Bereiche miteinander verbinden. Wenn du jetzt auf diese Stadt schaust, die aussieht wie eine wunderbare Zukunftsstadt aus Glas und glänzenden Materialien und gleichzeitig mit natürlichen Farben, großen Parks und Ebenen von Grün, Wasser und allen möglichen Tieren ausgestattet ist, kommt es dir vor, als ob diese Stadt in einem Wald steht und alle ihre Häuser und Ebenen mit ihm verbunden sind.

Auch hier tauchen wir in einen kleinen Stadtteil ein, an einen Versammlungsort, einen Treffpunkt für viele Menschen, in einem Gebiet, das von Bäumen umgeben ist, in der Mitte ein großer Platz, mit vielen Möglichkeiten zu ruhen, sich auszutauschen und miteinander zu spielen. Du siehst, dass Alte, Junge, Kinder und Menschen aller Hautfarben an diesem Ort einfach miteinander sind. Und wenn du von hier aus weitergehst an Orte, an denen vielleicht gearbeitet wird, fühlst du, dass die Menschen nicht mehr so mit der Arbeit verbunden sind wie noch in der Welt, aus der du kommst, sondern Arbeit ein Vergnügen ist, wo das, was getan werden will und was der Einzelne selbst tun möchte, so miteinander verschmilzt, dass jeder seinen Teil gerne tut und nicht mehr als drei oder vier Stunden am Tag dafür verwenden muss.

Es gibt die Bereiche, in denen vieles organisiert und gesteuert werden muss, in denen geforscht wird, und es gibt die der Kommunikation mit Wesen aus anderen Welten. Tatsächlich gibt es hier eine Vielfalt von Möglichkeiten, sich zu betätigen, den eigenen Interessen nachzugehen und für die Gemeinschaft aller das zu tun, was gerade wichtig ist. Niemand muss einen Dienst verrichten, der ihm oder ihr nicht angemessen ist. Jeder findet seine Arbeit, seine Freude, sein Leben, seine Zukunft und das, was tatsächlich zu ihm oder ihr gehört. Nichts wird erzwungen oder aufgedrängt, niemand muss sich einfügen. Jeder findet seinen Platz selbst, auch in dieser großen Stadt. Alle helfen einander, genau das zu finden und zu suchen, was sie wollen. Sie beraten sich. Es gibt kein spezielles Amt dafür, sondern eine Vielzahl an Menschen, die miteinander reden und sich über die Entwicklungen unterhalten, sodass jeder den Teil findet, den er gerade sucht, wo ein Interesse besteht, das sich weiterentwickeln will.

Dann kommst du an einen Ort, an dem sehr viele Kinder und auch einige Erwachsene sind. Zuerst denkst du, es wäre ein großer Freizeitpark, weil hier alle das tun dürfen, was sie wollen. Jeder kann das benutzen, was gerade für sie oder ihn interessant ist. Es gibt die Bereiche, in denen auf großen Wasserwegen die schönsten kleinen Boote fahren, und Ebenen, wo Rutschen von Bergen aus 500 m Höhe herunterkommen und auf Gleitschienen ihre Bahnen fahren. Hier gibt es Klettermöglichkeiten, Spiele im Sand und für jeden die Möglichkeit, sich auszuprobieren, die eigenen Kräfte zu stärken und eine Entwicklung im Körperlichen zu erleben.

Daneben gibt es große Räume, in denen es ruhiger ist und in denen auf großen Bildwänden gezeigt wird, wie alles entsteht und erschafft wird: wie Häuser entstehen, Pflanzen wachsen und Tiere sich entwickeln. Bis ins kleinste Detail wird alles gezeigt und bis zum größten Umfang des fertigen Projektes genau angesehen. Es ist wie eine Lernfabrik, eine Lernebene, in der auf bildhafte, natürliche Art gelernt wird und wo gleich nebenan die Möglichkeit besteht, selbst auszuprobieren, was man gerade gesehen und gelernt hat. Hier sind auch viele Kinder mit einigen Erwachsenen, die sich gegenseitig darin unterstützen, auszutesten, nachzubauen, zu entwickeln und die dazu nötigen Berechnungen und Forschungen anzustellen, um etwas entstehen zu lassen.

Nachdem du dir alles angeschaut hast, erkennst du

plötzlich, dass dieser ganze Bereich ein einziges Schulzentrum ist, das auf eine Art und Weise funktioniert, wie du es nicht kennst. Hier wird nicht in normalen Klassenverbänden gelernt, sondern sehr individuell. Jeder, der seine eigenen inneren Vorstellungen umsetzen möchte, kommt hierher. Die Lehrer sind Berater, an die sich die jungen Menschen wenden können, um das zu erfahren, zu lernen, in sich aufzunehmen, was sie gerade fühlen und jetzt erleben wollen.

Daneben gibt es gleichzeitig die Möglichkeit, auch dem Körper all das zu geben, was er braucht: über Spiele und Herausforderungen, Möglichkeiten, Kräfte in sich zu mobilisieren und die eigene Stärke des Körpers zu spüren, sodass ein Ausgleich auf allen Ebenen immer möglich ist – ohne einen Stundenplan. Jeder tut hier so lange das, was er für richtig hält, und du staunst und siehst, wie gut es funktioniert, dass hier wirklich jedes Wesen mit einer inneren Freude bei der Sache ist: mit Spaß und einer spielerischen Art – das entwickelt und lernt, was er oder sie gerade in seinem Fokus hat.

Eine Welt, wie sie sich nach dem Unterrichten in vielen Projekten fortsetzt, in der diese Wesen, wenn sie größer sind, weiterforschen, bis sie in die Position kommen, in der sie für die Menschen oder sogar für die Welt, in der sie wohnen, Projekte entwickeln und umsetzen können. Hier gibt es von Anfang an bis hin zu der Ebene, in der sich Ideen dann tatsächlich in der Materie ausdrücken, eine Entwicklungsmöglichkeit, die so gestaltet ist, dass jeder seinen Weg findet, ganz individuell und doch zum Nutzen des Ganzen. Eine Welt, die anders ist als die, die du kennst und in der du deine Kindheit und Schule erlebt hast. Hier ist alles möglich, es gibt keine Begrenzungen.

Nach einer Zeit wird dir ganz schwindelig von den vielen Eindrücken und Besonderheiten dieser Erde, die wir uns anschauen, und wir verlassen diese Stadt, diesen Komplex, der so wunderbar und harmonisch in den Wald hineingebaut ist, dass es so aussieht, als ob die glänzenden Türme und Ebenen der Gebäude in dieses Waldgebiet eingebettet sind. Wir steigen ein wenig höher und schauen über die Landschaften, fliegen über diesen Planeten und sehen überall, wohin wir kommen, harmonisch in die Landschaft eingebaute Siedlungen. Nirgendwo bemerken wir, dass die Erde in irgendeiner Form so behandelt wird, wie du es aus der alten Welt kennst. Du siehst überall das Grün und die Verbindung zwischen Menschen, Tieren und Pflanzen.

Nun kommen wir in eine Ebene, in der es kaum Menschen gibt, in ein Gebiet, in dem Tiere leben. Wir sehen es uns aus größerer Höhe an, um die Tiere nicht zu erschrecken, die in einer Harmonie und in einem Zusammenhalt leben, der ähnlich ist wie der, den wir bei den Menschen gesehen haben. Es gibt Herden von Rindern und Tieren, die du nur als Haustiere kennst, sowie solche, die wieder in der freien Steppe laufen dürfen. Es gibt keine Zäune,

Straßen oder Eingrenzungen, die Menschen gebaut haben. Du siehst von der kleinsten Maus bis zum Elefanten alle Tiere frei leben, in einer Gegend, in der sie sich wohlfühlen. Alles ist so gestaltet, dass sie sich so ausbreiten können, wie sie es brauchen, ihre Wanderungen auf dieser Erde machen können und ihre Zufluchtsorte haben, an denen sie Schutz finden.

Auch hier gibt es vereinzelt kleine Hütten, in denen Menschen leben, die mit diesen Tieren arbeiten und eine Gemeinschaft bilden, ja, die mit diesen Tieren zusammen eine Ebene des Bewusstseins erreicht haben, in der sie sich untereinander austauschen können. Hier leben sogenannte Wild- und Waldhüter und -hüterinnen, die in Kommunikation mit den Tiere stehen, um deren Bedürfnisse an die anderen Menschen weiterzugeben, sodass ein Ausgleich verschiedener Gebiete geschaffen wird. Solche, die nur von den Tieren benutzt werden, andere, die von Menschen benutzt werden, und wieder andere, in denen Menschen und Tiere so zusammenleben, dass sie sich im Bewusstsein einander annähern können, um mehr Verständnis füreinander zu entwickeln. Die Besuche zwischen den Bereichen sind immer willkommen. Hier gibt es keine Jagd auf Tiere, und es gibt auch keine Tiere, die Jagd auf Menschen machen. Auf allen Ebenen, vom Tiger bis zum Bison, ist alles auf Frieden eingestellt, und jeder hat seinen Bereich, den er nutzen kann. Auch in ihrem Verhalten untereinander ist eine sehr klare und friedliche Ebene erreicht. Die Ebenen zwischen Pflanze, Tier und

Mensch sind auf Herzensebene so verbunden, dass auch hier erkannt wird, was der andere möchte.

Nach einer Zeit kommst du aus den Tiefen heraus und siehst, dass es tatsächlich die Erde war, auf der wir gemeinsam waren, der Planet, den du schon kennst. Und während du noch völlig von den Eindrücken gefangen bist, wie schön und interessant sich diese Ebene gestaltet hat, merkst du, dass sich etwas verändert. Es wackelt, und langsam taucht unsere normale Welt wieder auf. Nach und nach kommst du wieder auf die Erde in dieser Dimension, landest wieder in deinem Körper, bist ganz mit deinem Bewusstsein hier und wirst dir langsam wieder dessen bewusst, wie sich deine Finger und Füße anfühlen, streckst und reckst dich vielleicht wie eine Katze, die sich nach langer Ruhephase erhebt, und kommst dann wieder mit deinem Geist und deinem Bewusstsein ganz im Hier und Jetzt an.

Dieser kleine Ausflug ist vielleicht ein Teil eurer Zukunft.

ICH BIN Sanat Kumara.

Sanat Kumara:
Vieles beginnt durch die Neuen Kinder

ICH BIN Sanat Kumara.

Ich grüße euch mit der Kraft der Liebe, die im Universum immerzu strömt. Ich grüße euch mit dieser Kraft, die unendlich ist, immerwährend fließt und alles durchströmt, damit alle Wesen ihren Weg in der Schöpfung von Allem-was-ist gehen können. Hieran ändert sich auch nichts, wenn die aktuellen Ereignisse auf eurem Planeten euch manches Mal überwältigen und in ein Gefühl von Mitleid stürzen. Das Pulsieren der göttlichen Quelle ist immer da.

Jetzt ist eine Zeit gekommen, in der ihr vor den größten Veränderungen auf eurem Planeten steht, eine Zeit, die nach der Vorbereitung der letzten Jahrzehnte in eine Stufe, eine Phase hineingeht, in der die Umwälzungen und Veränderungen in allen Schichten der Gesellschaft so sichtbar werden, dass ihr die Augen nicht mehr davor verschließen könnt, und selbst diejenigen, die noch als die Garanten der alten Haltekräfte angetreten waren, ihre Positionen verändern. Ihr seid jetzt in einer Phase, in der ihr auf dem gesamten Planeten einem Pulsieren ausgesetzt seid, das die Veränderungskräfte stärkt und fördert und die Haltekräfte dauerhaft schwächt und kleiner werden lässt.

Es ist ein Wandel zu spüren in der Art und Weise, wie ihr miteinander umgeht und wie ihr euch auf diesem Planeten verändern wollt, ein Wandel vom Verstand hin zum Gefühl, um dann wieder zurückzukommen und das Gefühl mit dem Verstand in Einklang zu bringen, damit ihr im Herzen sein und gleichzeitig den Verstand für die Dinge mitbenutzen könnt, die auf Erden notwendig sind. Hier geschieht ein Wandel.

Durch diesen Wandel, die Situationen, die sich in den Gemeinschaften, den Staaten und den Erdteilen der äußeren Welt so stark verändern, habt ihr das Gefühl, an die Grenzen dessen zu kommen, was ihr ertragen könnt. Ihr seht das Leid, das zwischendurch entsteht, die Menschen, die sich scheinbar für die Veränderung opfern und ihr irdisches Leben dafür geben. Ihr seht, dass das sogenannte Leid der Erde an vielen nicht vorbeigeht und werdet dadurch auf tiefer Seelenebene angesprochen, um über euer innerstes Fühlen dahin zu kommen, was jeder Einzelne von euch möchte.

Viele von euch haben einen so rational abgesicherten Verstand, dass sie die Veränderungen in die Neue Zeit nicht mehr mit ihm strukturieren können. Sie sind so voll mit allen Ebenen des Denkens, die sich in eurer Gesellschaft etabliert haben, dass eine Möglichkeit, über den Tellerrand zu schauen und ganz neu in die Veränderungen hineinzugehen, für viele nicht gegeben ist – außer, dass sie tief erschüttert werden. Diese tiefen Erschütterungen geschehen jetzt, in dieser Zeit, und sie werden immer größer und stärker, bis alle Menschen wach und sich dessen bewusst sind, dass eine neue Welt entsteht, die das Leben fördert und die alten Strukturen der Macht und Ohnmacht nicht mehr bedient, die Herrschaft und Unterdrückung nicht mehr zulässt und die alten Methoden des Oben und Unten nicht mehr in sich vereinigt. Die Menschen werden auf Herzensebene miteinander verbunden sein, und in dieser Verbundenheit die Neue Erde gemeinsam kreieren. Sie werden Lebendigkeit und Schönheit in allen Ebenen des Lebens umsetzen, um eine Struktur für diesen Planeten zu erschaffen, die das Leben an jeder Position stärkt und fördert, und wo es nicht darum geht, Einzelne auszunutzen, zu unterdrücken und klein zu halten, sondern jeder in seinem Potenzial wachsen und sich entwickeln darf.

Die Veränderungen gehen vom Einzelnen aus, und ihr werdet es daran erkennen, dass sich bei immer mehr Menschen – gerade in den westlichen Zivilisationen – der Verstand abmeldet, in den Hintergrund gerät, und bei vielen eine Ebene in den Vordergrund rückt, die ihr noch nicht richtig fassen könnt. Es ist das Sein, das ich jetzt einmal als euer inneres Geistsein bezeichnen möchte, was als eure Seele, euer Geistselbst, euer Anteil des göttlichen Selbst in euch manifestiert ist. Dieser Anteil kommt immer mehr in den Vordergrund und bringt über seine Tiefe, die er in sich trägt, eine vollkommenere Sicht auf die Dinge in euer Leben, als es euer Verstand jemals könnte.

Hier entsteht eine Wirklichkeit, in der ihr dann über den Tellerrand hinausschauen könnt und euch nicht mehr daran messt, wie es anderen geht, sondern euch fragt: „Was ist für alle zusammen gut, und was darf ich dafür tun?" Es geht vom Herrschen ins Dienen, es geht auf einer freiwilligen und selbstverständlichen Art und Weise darum, dass ihr in eurem Bewusstsein erkennt, dass ihr nur dann für euch selbst Gutes tut, wenn ihr für alle anderen um euch herum das Beste wollt, und ihr immer dann „profitiert", wenn alle anderen um euch herum auch profitieren und Gutes für sie entsteht.

Damit sich dieses verwirklichen kann und ihr mit eurem Geist auf dieser Bewusstseinsebene ankommt, braucht es für die meisten von euch eine harte Zeit für den Verstand, weil dieser euren Körper und eure Individualität, so, wie sie jetzt ist, auf keinen Fall benachteiligen oder verschlechtern will und die jetzige Situation mindestens im Status Quo halten möchte, wenn nicht sogar für diese Individualität, für diesen einzelnen Körper, eine noch stärkere Verbesserung und eine Bevorzugung gegenüber allen anderen herausholen möchte. Das ist die Programmierung, mit der ihr durch die letzten Jahrtausende gegangen seid und die in eurem Verstand vorhanden ist. Sie ist immer mal wieder durch Gefühle wie Liebe, Glück oder Verbundenheit durchbrochen worden, die ihr alle in euch tragt, die sich aber nicht grundlegend für alle Menschen durchgesetzt haben.

Das war in den Zeiten, als ihr nur euren innersten Clan, eure Familien und Gruppen, in denen ihr wart, einbezogen habt, den Clan sozusagen gerade noch mitgenommen habt in dieses Gefühl von „Es soll allen gutgehen". Doch nun wächst dieses über die Familie hinaus, in eine Größe hinein, in der es jedem Menschen so ergehen soll wie euch selbst, dass jeder diese inneren Vorteile und Verbesserungen seines Lebens erfahren soll. Hier geht es dann wirklich ins Dienen, denn ihr dient nicht mehr euch selbst, sondern eurem Hohen Selbst, das für alle Menschen „denkt" und handelt. Dies wird euch immer bewusster und tritt von Jahr zu Jahr stärker in den Vordergrund, und damit in alle Bereiche, die sich dahin entwickeln, dass die Wesen in einer liebevollen und herzlichen Verbindung miteinander sind. So wird alles neu erschaffen.

In Zukunft wird es eine Ebene geben, in der ihr immer wisst, wie wichtig es ist, euch gegenseitig so zu stützen und zu stärken, und dass es eine Lust und Freude ist, mit Kindern zu leben – welch großartige Erfahrung es ist, Kinder aufwachsen zu sehen und alle Erkenntnisse und Dinge, die sich dabei für sie entwickeln, aus der Erwachsenensicht zu sehen, zu fühlen und sich ganz darauf einzulassen. Wenn ihr mit dieser Bewusstseinshaltung in dieses Leben hineingeht, werdet ihr eine völlig neue Erfahrung machen, die von Schönheit, Hingabe und dem Gefühl des „So ist es richtig" geprägt ist. Alle Zweifel werden verschwinden, und ihr werdet wissen, wann ihr auf dem richtigen Weg seid.

Mit diesen Kindern wird es in eurem sogenannten

Erziehungssystem weitergehen, in euren Schulen, die im Moment nur darauf ausgerichtet sind, dass Kinder zu funktionierenden Soldaten einer Gesellschaft werden, die dadurch geprägt ist, sich gegenseitig zu übertrumpfen. Die neue Art von Schulung wird grundlegend anders sein. In der zukünftigen Entwicklung aller Kinder und Jugendlichen wird das Wichtigste ihr eigener Forscherdrang sein, sich entdecken zu wollen, hineinzufühlen, was sie begeistert, wie sie die Begeisterung leben können und was sie dabei lernen. Ihr werdet als Eltern und Lehrer nichts weiter tun, als die Instrumente und entsprechenden Vorrichtungen dafür zur Verfügung zu stellen.

Ihr werdet neue Instrumente erfinden – einfache bis komplizierte Musikinstrumente, Sportgeräte, die ihr nutzen könnt, wie immer ihr wollt, sowie Spiele, die die Beweglichkeit von Körper und Geist fördern. So entwickelt sich eine Vielzahl an Möglichkeiten, Erziehung und Schulung auf ein völlig neues Niveau zu stellen, bei dem es nicht darauf ankommt, dass alle Menschen einer Altersgruppe am Ende eines Schuljahrs die gleichen Ergebnisse produzieren können, sondern dass die individuellen Grundvoraussetzungen, die jeder mit in dieses Leben gebracht hat, so gut wie möglich gefördert und herauskristallisiert werden, damit jeder den Weg gehen kann, den seine Seele sich ausgesucht hat.

Hierin liegt die Herausforderung der Neuen Zeit, der Grundstock für glückliche, zufriedene und hoch motivierte

Menschen, die mit Freude diese Welt mit gestalten und sich in einer Art und Weise daran beteiligen, die alles in den Schatten stellt, was bisher da gewesen ist, und nicht durch Erniedrigung und Unterdrückung der eigenen Vorstellungen, so, wie es jetzt zum größten Teil in eurem Erziehungssystem der Fall ist. Hierin liegt die Grundlage für eure Zukunft.

Dies ist nur ein kleiner Bereich der ganzen großen Veränderungen, der jedoch mit am wichtigsten ist, weil ihr hier die Grundlagen für alles Zukünftige legt. Dass sich dann nach und nach eure Industrie, Produktionsstätten und Arbeitsbedingungen in diesen Bereichen so verändern werden, dass sie tatsächlich den Menschen anpassen und nicht umgekehrt, ist schon fast eine Selbstverständlichkeit. Wenn ihr eure Kinder so aufwachsen lasst, wie ich es eben beschrieben habe, werden sie in die Arbeitsstrukturen eurer jetzigen Welt nicht mehr hineinpassen. Deshalb geschieht auch gleichzeitig – während ihr die Schulen und Ausbildungsstätten und das Bewusstsein der Lehrer und Eltern verändert – eine Veränderung bei der Erschaffung von Dingen, die ihr für euer tägliches Leben benötigt. Hier beginnt ihr zu unterscheiden, was ihr wirklich braucht und was wichtig und was Spielerei und vielleicht sogar eine Art von Ablenkung ist, die ihr in Zukunft nicht mehr nötig habt.

Alle eure Produktionsstätten, so, wie sie jetzt auf der Erde sind, werden eine Zäsur erleben und erfahren, dass sie sich nur dann tatsächlich auch in die Zukunft hineinentwickeln können, wenn sie dem Leben und den Menschen dienen, die in dieser Zukunft leben wollen und werden, und die Grundlage dafür schaffen, dass Menschen hier tatsächlich einen Teil ihrer Zeit verbringen wollen, um etwas herzustellen, was für andere wichtig ist.

Gleichzeitig werdet ihr Strukturen erschaffen, in denen ihr eure Ernährung so umstellen werdet, dass ihr euch in der Region, in der ihr lebt, mit einfachen Mitteln selbst herstellt, was ihr braucht. Es wird ein neues Gefühl sein, mit der Erde und den Pflanzen umzugehen, mit den Elementen, die nötig sind, um Pflanzen wachsen zu lassen, so zu kommunizieren und Verbindungen aufzunehmen, dass ihr mit eurem Tun die Lebensmittel aus der Erde bekommt, auf der ihr lebt.

Nach und nach werdet ihr diese Dinge umbauen. Die Menschen, die heute noch das alte neue Wissen haben, werden es an die nächste Generation weitergeben, damit alle wieder wissen, wie mit der Erde und den Elementen zu gärtnern, zu pflanzen und zu säen ist und wie hier eine Kultur entstehen kann, in der ihr wieder das Leben für euren irdischen Körper von der Erde und das für den Geist und die Seele aus den Verbindungen zu den unendlichen Himmeln entgegennehmt, von denen ihr kommt.

Ihr seid diese Verbindung zwischen der Erde und den geistigen Reichen der Himmel. Als Menschen seid ihr der Punkt, über den sich alle Transformation nach oben und nach unten ergibt, und ihr seid in der Lage, die Geistige Welt auf die Erde zu holen und die irdische Welt in die geistigen Dimensionen emporzuheben. Genau das ist die Aufgabe, mit der ihr hierhergekommen seid: diese Erde zu verändern, das Dunkle und Tiefe in die Schwingungen des Geistes hinaufzuheben. Mit diesem inneren Bild arbeitet ihr vor allen Dingen an euch selbst. Beginnt mit der Schulung eures eigenen Selbst und der nachfolgenden Generationen und lasst dann Stück für Stück alle eure Prozesse und Bereiche, in denen ihr arbeitet, sich dem anpassen, was sich neu entwickelt.

Ich bin mit meiner ganzen Liebe bei euch und dem, was ihr tut. Ich wünsche mir, dass ihr immer bewusster und klarer werdet in eurer eigenen Liebe zu euch selbst und zu allen Wesen, die euch umgeben.

ICH BIN Sanat Kumara.

☆☆☆ A A

Sanat Kumara:
Alte und neue Energien im Zusammenspiel

ICH BIN Sanat Kumara.

Ich grüße euch mit der Kraft der Liebe und des Vertrauens, mit der Kraft der Schönheit und der zunehmenden inneren Stärke in euch allen. Genauso wie der Sonnenschein die Welt erwärmt und euch die Schönheit allen Seins offenbart, will die Liebe, die durch das Universum strömt, euer Herz öffnen, damit es aufblüht und gedeiht.

Ihr seid mit der Entwicklung der Erde und eures eigenen Selbst an eine Schwelle gekommen, an der viele von euch spüren, dass etwas sie bremst und sie nicht mehr wissen, wie es weitergehen soll. Oder sie spüren es schon und sind voller Ungeduld, dass es anscheinend so langsam geht. Es ist wie der Moment, bevor die Sonne über dem Horizont aufgeht und der neue Morgen erwachen will – noch völlig finster, bevor das Licht durchbricht. Obwohl ihr schon glaubt, dass die Nacht vorbei ist, fühlt es sich für euch so an, als würde sie nicht vergehen. Ihr seid hierher gekommen, um den Übergang dieser Welt in eine andere zu erleben und das Ganze aus eigener Sicht anzuschauen, zu fühlen und mitzugestalten.

Es geht darum, die eigene Stärke, die eigene Kraft wiederzufinden, die benötigt wird, um mit den Widerständen, die noch vorhanden sind, besser umgehen, sie ertragen und liebevoll anschauen zu können, damit ihr seht, dass das, was sich entwickelt, nicht gegen die Menschen läuft, die jetzt noch nicht mitmachen wollen, sondern mit den Menschen gehen will und deshalb auch noch etwas zögerlich erscheint. Denn es soll sich so entwickeln, dass es zum Besten für alle ist, nicht nur für die Menschen, Tiere und Pflanzen, sondern auch für die Erde, die Planeten dieses Sonnensystems und alle benachbarten Sonnensysteme, die in diesen Prozess mit eingebunden sind.

Es ist ein immer wiederkehrender Prozess der Veränderung, der hier stattfindet. Es ist, als ob am Rad des Lebens wieder neu gedreht wird. Ihr geht mit eurem Sonnensystem, und damit auch mit eurer Erde, auf der Reise durch das Weltall an die Stelle, die ihr ungefähr alle 26.000 Erdenjahre wieder erreicht. Dort ist ein Licht, eine Schwingung, eine Energieschwingung, ein elektromagnetisches Feld – physikalisch betrachtet, eine Liebesschwingung – von eurem Herzen aus betrachtet, die ein so großes Potenzial der Veränderung in sich trägt, dass sich alles verändern will, was durch diese Schwingung hindurchgeht. Es ist wie ein Wachwerden, ein Erweckt-werden. Und genauso wie manche von euch schon wach werden, bevor der Wecker klingelt, sind jetzt einige schon erwacht, und andere brauchen eine Zeit, um nach mehrmaligem Klingeln endlich aufzuwachen. Für diese Menschen kommen die etwas gröberen Klingeltöne.

Aber alle werden mitgenommen, die es geplant haben, und zwar gemeinsam. Um diesen Übergang einigermaßen friedvoll zu gestalten, braucht es in eurer Welt die Menschen, die die alten Energien noch eine Zeit lang halten, genauso wie diejenigen, die schon vorangehen, um die neuen Energien zu integrieren. Erst wenn ein Balancepunkt erreicht ist und die neuen Energien genügend gefestigt sind, kann von den alten nach und nach losgelassen werden, sonst wäre der Übergang für euch alle so krass, dass ihr es in eurem jetzigen Körper nicht überleben würdet. Ihr seid also dabei, euch in Richtung Zukunft zu entwickeln, und gleichzeitig habt ihr das Gefühl, dass zum Beispiel eure Partner, Familienmitglieder und Freunde das Alte noch nicht loslassen wollen.

Seid dankbar, dass es diese Halteenergien noch gibt, sonst wärt ihr schon längst davongeflogen. Seid dankbar, dass ihr euch gegenseitig so ergänzt – auch wenn ihr es nicht immer wisst –, dass es zu einer Balance kommt, die das Gleichgewicht hält. Geht einmal in euch, wie sich das anfühlt. Genauso ist es mit eurer gesamten Erde und allem, was um sie herum existiert. Um das neue Gleichgewicht herzustellen, zu entwickeln, um überhaupt die Gewichte neu zu verteilen, braucht es immer den Ausgleich, damit es nirgendwo überschwappt und die Wellen und Wogen nicht so hoch gehen, dass alles zerstört wird, was schon am Strand aufgebaut wird. Lasst also die Energien ruhig noch etwas festhalten, auch an Dingen, von denen ihr glaubt, dass sie schon längst überholt sind. Eine Zeit lang werden die ausgleichenden Energien noch benötigt, um die neue Welt neu zu formen. Genauso wie ein neugeborenes Kind die Eltern braucht, die alles halten, organisieren und stärken und im Hintergrund dieses Leben gedeihen und aufwachsen lassen, braucht es die Haltekräfte in eurer Gesellschaft, die noch an Altem festhalten, damit das neue Leben auf eurer Welt sich etablieren und wachsen kann, denn es ist noch zart und jung.

Aber es ist schon so kräftig, dass es in seiner Entwicklung nicht mehr aufzuhalten ist. Hier wird es noch einige Auseinandersetzungen zwischen den Haltekräften und den voranschreitenden Kräften geben, weil es den Anschein hat, als würde es nicht weitergehen. Doch es ist nur eine kurze Übergangszeit, in der diese Kräfte tatsächlich gegeneinander kämpfen werden, bis die Ebene des Neuen sich vollständig ausgeprägt hat.

Dieses neue Leben wird von liebevoller Zuneigung zueinander geprägt sein, von absolutem Vertrauen untereinander und der Gewissheit, dass niemand dem anderen etwas Böses antun will. Ihr werdet euch selbst und eure Mitmenschen besser verstehen, ebenso wie ihr den Unterschied erkennen werdet, was es heißt, eine Frau oder ein Mann zu sein. Ihr werdet so viel voneinander lernen und Neues erfahren, dass ihr euch untereinander ohne die bisher so übliche Zurückgezogenheit und das Getrenntfühlen noch besser kennenlernt.

So werdet ihr neue Ebenen des Miteinanders erleben, das heißt, in der Partnerschaft werdet ihr euch mehr eins fühlen. Ihr werdet euch auch in euch mehr eins fühlen, so, wie ihr es erreicht, dass eure Seele, euer Hohes Selbst, der Anteil von euch, der den größeren Überblick hat, mehr und mehr das Ruder übernimmt, indem der bisherige Steuermann, euer Verstand, es nach und nach abgibt. So werdet ihr euch mehr integrieren und über die Liebe zu euch selbst auch andere besser verstehen und sie in ihrem Sein so annehmen können, wie sie sind. Niemand wird mehr etwas ändern wollen, weil jeder bei sich selbst das entwickelt, was für alle anderen auch fördernd ist.

Ihr werdet euch also gegenseitig so lange mit den Entwicklungen eures eigenen Selbst beglücken, bis ihr euch alle so gut kennt, dass ihr ohne Worte miteinander auskommt und in eine Welt, eine Ebene hineinwachst, in der die Kommunikation durch Gedanken möglich wird, wenn ihr es denn wollt. Wenn ihr auf fremde Erdteile reist, werdet ihr keine Sprachen mehr lernen müssen, denn es wird eine Sprache des Herzens geben, eine Verständigung untereinander, die euch erkennen lässt, wer der andere ist und wie ihr auf ihn und er auf euch wirkt. Diese Verständigung, um die es jetzt geht, ist die entscheidende Hürde, die in eurer Welt überwunden werden muss, damit ihr euch als Menschheit eins fühlt, ihr mit den Menschen in Südamerika genauso verbunden seid wie mit denen in Nordalaska, in Sibirien, Indonesien, Afrika und Australien.

Bis ihr diese eine Welt, diese eine Menschheit tatsächlich vollständig in eurem Herzen seid, braucht es etliche

Entwicklungsschritte, die überall auf der Welt erforderlich und in jedem Menschenherzen sinnvoll und wichtig sind. Ihr könnt diese mit unterstützen, indem ihr liebevolle Gedanken aussendet und euch immer wieder daran erinnert, dass es auch euer Wunsch ist, dass es diese eine Welt geben wird. Wenn ihr das tut, seid ihr im Einklang mit den Wellen, die aus dem Universum kommen. Denn wenn diese Erde sich mit den Planeten und der Sonne jetzt in dieses Gebiet hineinbegibt, das die Schwingungsveränderungen sehr beeinflussen wird, wird vieles anders empfunden werden.

Bis in euer Körpersystem hinein werdet ihr Umbauten erleben, von denen alles, was ihr bis jetzt gespürt habt, nur ein Anfang war. Ihr werdet erleben, dass sich Bewusstseinsebenen in einer Art und Weise erweitern und verändern, wie ihr es jetzt manchmal nur bei Menschen seht, die von euch in sogenannten Psychiatrien schulmedizinisch behandelt werden. Es werden Bewusstseinszustände sein, die denen sehr ähneln. Doch es wird euch helfen, wenn ihr euer Herz öffnet und euch so annehmt, wie ihr seid. Lasst nichts, was in euch entsteht, von eurem Verstand kleinreden und, vor allem, lehnt es nicht ab. Dieser Widerstand würde euch noch mehr Schwierigkeiten machen.

Das elektromagnetische Feld in eurem Körper reagiert auf das, durch das euer Sonnensystem und die Erde hindurchgehen werden. Diese gegenseitige Reaktion ist eine elektromagnetischen Angleichung, um in eine neue Stufe des Bewusstseins gehoben zu werden, die eine neue Sicht der Dinge benötigt, weshalb die alten Sichtweisen gelöscht werden dürfen, zum Beispiel Angst auf allen Ebenen, die euch behindert und stört. Es wird alles gelöscht, was euch dazu bringt, nicht liebevoll miteinander umzugehen. Nach und nach wird euer Konkurrenzdenken gelöscht, weil ihr euch dann von Herzen gerne gebt und euch gegenseitig damit beschenkt, was der andere gerade braucht.

Niemand von euch wird mehr haben wollen als sein Nachbar oder seine Nachbarin, sondern ihr werdet mit dem glücklich sein, was ihr habt. Ihr werdet eine Anbindung an das Bewusstsein eures Planeten, an das eurer Sonne, in eurem eigenen Herzen und damit zu Gott selbst fühlen. Und ihr werdet eine Größe und Stärke in euch erleben, als wärt ihr ein völlig anderer Mensch. Das geschieht durch den Übergang in dieses elektromagnetische Liebesfeld, den ihr jetzt anders umsetzt als in den Jahrtausenden davor, als es jedes Mal einen Neuanfang der Menschheit gab, wenn ein Bewusstseinswandel stattgefunden hatte.

Auch jetzt gibt es sozusagen einen Neuanfang, dieses Mal aber mit dem Schritt in die Fünfte Dimension, in ein Feld, in dem eure DNA sich neu ausrichtet und sich alle Drüsensysteme eures Körpers wie auch alle energetischen Systeme umbauen werden. Von euren Chakren angefangen, durch die Leitungssysteme hindurch, werdet ihr völlig neu aufgebaut, sodass ihr diese hohe Schwingung und damit ein Bewusstsein halten könnt, das weit über das jetzige hinausgeht, wodurch ihr in der Lage seid, Wissen aus der Vergangenheit anzuzapfen, ohne bestimmte Vorrichtungen dafür zu brauchen. Ihr werdet in eurem Bewusstsein so angehoben sein, dass ihr eine neue Welt mitkreiert, die voller Liebe und Zuversicht ist und ein Paradies auf Erden schafft, das Besucher aus dem Weltraum in Scharen anlockt. Dadurch wird eure Welt zu einem Planeten, der Ausflugsziel für den gesamten Weltraum ist, eine Oase, die es so nirgendwo sonst in dieser Zeit gibt.

Seid euch also gewiss, dass ihr so vollkommen werdet, wie ihr als Menschen nur sein könnt. Es ist der Weg zurück nach Hause, woher ihr gekommen seid. Es ist wie ein Erinnern, wenn ihr in diese Dimensionsebenen kommt, so, als ob ihr bei eurer Familie ankommt und euch geborgen und heimisch fühlt. Diesen Weg, der jetzt beginnt und auf dem viele schon einige Schritte gegangen sind, werdet ihr immer breiter treten, damit die Nachfolgenden ihn leichter gehen können. Ihr seid auf einer wunderbaren Reise zu euch selbst, in euer Herz, zurück zu eurer eigenen Wesenheit, von der ihr immer mehr zurücklassen musstet, weil ihr nicht alles bei euch tragen konntet. Auf dieser Reise zurück sammelt ihr nun euer Gepäck wieder ein, – alle Anteile, die zurückbleiben mussten, weil sie die Dichte der Dritten Dimension nicht hätten ertragen können.

Was ihr jetzt bei euren Kindern erlebt, wenn sie besonders empfindsam gegenüber den äußeren Einflüssen einer noch harten Gesellschaft sind, ist der Ausdruck dessen, dass sie schon mehr von diesem Gepäck wieder mitgebracht haben, als ihr bei eurer Geburt hattet. Ihr sammelt jetzt erst wieder alle eure Anteile ein, die ihr auf dem Weg in die Dichte zurücklassen musstet. Eure Kinder haben diese lichten Anteile schon bei sich, wodurch es ihnen auch manchmal so schwer fällt, in dieser Härte zu leben und alle Dinge so hinzunehmen, wie ihr sie in dieser Gesellschaft entwickelt habt. Viele von ihnen möchten leichter durch das Leben gehen und können dem Druck, der in vielen Ebenen ausgeübt wird, nicht mehr standhalten.

Dieser wird sich jedoch ebenfalls nach und nach reduzieren, weil ihr eure Schulen, Kindergärten und Ausbildungen verändern werdet. Die Menschen, die etwas Neues lernen wollen, können mehr ausprobieren und ihren eigenen individuellen Weg gehen, als es jetzt noch der Fall ist. Diese Gleichschaltung von Bildung und Ausbildung wird sich zugunsten individueller Förderung und Hilfestellung verbessern. Ihr werdet neue Formen des Lernens, der Schule und der Berufsausbildung kreieren, um diesen neuen Anforderungen, die die Kinder in einer lichteren Welt an euch stellen, gerecht zu werden.

All das wird sich aufgrund der elektromagnetischen Situation, durch die das ganze Planetensystem schwingt, in diese Richtung entwickeln. Nichts von den äußern Umständen wird sich aufhalten lassen. Nachdem ihr alle entschieden habt, aufsteigen zu wollen und es kollektiv beschlossen habt, gibt es keinen anderen Weg mehr. Ihr seid jetzt, wie es bei Flugzeugen so schön heißt „On Point of No Return". Es geht nicht mehr zurück, nur noch vorwärts – in die Neue Zeit. Ihr seid tatsächlich schon als Pioniere dabei, geht jetzt mit und holt alle anderen ab. Während dieser Zeit des Abholens, die sicherlich noch ein bis zwei Generationen braucht, werden alle Menschen ihre inneren und äußeren Widerstände verarbeiten und ins Licht bringen.

Ihr könnt euch selbst helfen, indem ihr euer Herz öffnet und den Atem tief hineinströmen lasst. Versucht, ab und zu die Gedanken auszuschalten, um im Geist frei zu sein, und eure Gefühle zu beruhigen und den Atem bis in den tiefen Bauchraum hineinfließen zu lassen, damit ihr die Tore und Türen für die neuen Energien oben und unten weit geöffnet habt und euer Körpersystem sich umbauen kann. Ihr werdet von innen her neu gestaltet und eine neue Struktur haben. Manchmal werdet ihr das Gefühl haben, dass der Wind durch euch hindurchweht oder das Licht aus eurem Körper genauso wieder hinausscheint wie es hineinscheint, da ihr immer heller, klarer und durchlässiger für Alles was ist werdet.

Was ich euch erzählt habe, werdet ihr mit dem Verstand nicht nachvollziehen, die Fünfte Dimension nicht begreifen können, aber ihr werdet immer wieder ein Stückchen davon erhaschen. Ihr werdet immer wieder eine Kostprobe in eurem Sein fühlen und erleben. Damit werdet ihr erkennen, dass ihr auf dem richtigen Weg seid, tatsächlich voranschreitet, und damit die ganze Menschheit mit diesem Planeten, den Tieren und Pflanzen. Es ist nicht mehr aufzuhalten. Die Neue Zeit hat im Grunde genommen schon begonnen.

Immer wenn ihr das Gefühl habt, hier nicht mehr sicher zu sein, könnt ihr mich mit meiner Energie gerne rufen. Ich bin der Hüter und Logos der Erde und aller Wesen, die auf ihr sind. Ich begleite die Entwicklung, aber ich mache sie nicht für euch. Doch ich bin euch bei allem behilflich, wo ihr Hilfe anfordert. Ich halte die Energien, die ihr braucht, damit diese Entwicklung so voranschreiten kann, und ich unterstütze euch bei allen euren Bemühungen, sie weiter in die Wirklichkeit hineinwachsen zu lassen. Ich bin immer bei euch und bei der Erde, auf der ihr lebt. Meine Liebe strömt unablässig in einer Menge und Fülle zu euch, die ihr nie ausschöpfen könnt.

ICH BIN Sanat Kumara.

St. Germain:
Werkzeuge zur Gestaltung der Zukunft

ICH BIN, der ICH BIN. ICH BIN St. Germain.

Ich beschäftige mich gerne mit den praktischen Dingen, die *sind*, die ihr *erlebt*, wie ihr die Zukunft selbst gestalten, welche Werkzeuge ihr dafür benutzen und wie ihr sie anwenden könnt, und wie ihr in speziellen Fällen mit eurer Körperlichkeit, euren inneren Gefühlen und eurer geistigen Anwesenheit umgehen könnt, was ihr für eure Zukunft tatsächlich wünscht und wie sich dann diese Wünsche nach und nach umsetzen und in der Geschwindigkeit in Erfüllung gehen können, die ihr selbst mit vorgebt.

Die Zukunft beginnt in jeder Sekunde. In jeder Sekunde habt ihr ein besonderes Gefühl, eine Stimmung, ein inneres Empfinden, und all das hat einen großen Einfluss darauf, wie die nächste Sekunde eures Lebens werden wird. Ihr seid also kleine Etappenspringer. Jedes Mal, wenn ihr einen Gedanken und ein Gefühl in euch habt, bestimmen diese auch schon die nächste Zeiteinheit. Und wenn wir jetzt von diesen Sekunden ausgehen, die verrinnen, dann gibt es eine größere Sequenz, auf die ihr schauen und über die ihr sagen könnt: „Ach, das war eine Zeit (Tag oder Stunden), in der es mir nicht gut ging." Und mit dieser Aussage tragt ihr das Gefühl "Es geht mir schlecht" mit in die Zukunft.

Dieses Gefühl habt ihr dann noch eine Weile, und zwar so lange, wie ihr darüber nachdenkt, dass es euch schlecht gegangen ist, obwohl dieser Zustand nun vorbei ist. Somit habt ihr das, was ihr erlebt habt, in die Zukunft hineingetragen. Und ihr redet immer weiter darüber. Wenn ihr euch in eurem Umkreis einmal umhört, werdet ihr bemerken, dass die Menschen hauptsächlich davon reden, wie krank sie doch zu bestimmten Zeiten waren, wie sehr sie darunter gelitten, was sie alles durchgemacht haben und wie schlecht es ihnen gegangen ist. In dem Moment, in dem sie davon erzählen, geht es ihnen aber gut. Und warum ist das so? Weil sie eure Aufmerksamkeit für Situationen bekommen, in denen es ihnen schlecht ging.

Es sind kleine Räuber, mit denen ihr jeden Tag zu tun habt. Sie rauben euch eure Zeit, die ihr für euch selbst nutzen könnt. Sie rauben euch den Raum, in dem ihr eure Zukunft kreieren könnt, doch ihr beschäftigt euch mit ihrer Vergangenheit, mit der Vergangenheit von Krankheit, schlechten Gefühlen und Themen, die zu bedauern sind. Rein gedanklich betrachtet, alles völlig richtig. Es waren bedauernswerte Zustände, in denen die Menschen sich befanden. Das war für sie ein Manko, denn es ging ihnen wirklich schlecht. Und sie reden darüber und reden darüber und reden darüber und haben eure volle Aufmerksamkeit, bis zu dem Punkt, an dem ihr plötzlich denkt: „Immer dasselbe, was die Leute erzählen. Es ändert sich eigentlich nichts. Sie reden und reden und reden und manifestieren damit den damaligen Zusatnd immer und immer wieder."

Das ist eine Möglichkeit, Zukunft zu kreieren, alles so

zu belassen, wie es ist: indem ihr immer wieder darüber sprecht, wie schlecht es manchen Menschen ging. Ihr zieht dann – und das kommt hinzu – in eurem Verstand Schlüsse daraus. Euer Verstand ist ein lineares Werkzeug, das immer in der Zeit von der Vergangenheit über das Jetzt in die Zukunft hineinprojiziert. Das kann er wunderbar. Als Werkzeug hat er dafür ein gesamtes Repertoire an Erfahrungswissen, das in euch gespeichert und jederzeit abrufbar ist. Wie euer Verstand dieses Wissen aus eurem Unterbewusstsein herauskramt, ist den meisten von euch nicht bewusst. In dem Moment, in dem euch jemand von seiner Krankheit erzählt, erinnert ihr euch, wann es *euch* einmal schlecht gegangen ist. Und schon kommt dieses Gefühl wieder hoch. Ihr denkt dann: „Wenn es einem so schlecht geht – ich habe es ja selbst schon erfahren –, das ist wirklich ein bedauernswerter Zustand."

Aber was geschieht mit euch, wenn diese Gedanken auftauchen? Sie sind im JETZT vorhanden. Ihr erlebt sie sozusagen in einer kleinen Abwandlung – natürlich nicht so stark, aber ihr erinnert euch an diese Zeit und die Gefühle von Verlorenheit und Ausgeliefertsein, die ihr hattet. Mit dieser Erinnerung geht ihr dann in die Zukunft, weil sich – wie ich vorhin sagte – eine Sekunde an die andere reiht. Ihr habt euch entschieden, mit diesem Gedanken von erlebter Krankheit in die Zukunft zu gehen, weil ihr euch in Gesprächen immer wieder in dieses Gebiet hineinlocken lasst. Die Menschen, die dieses tun, wollen eure Aufmerksamkeit, Energie und Zuwendung, damit es *ihnen* besser geht.

Stellt euch einmal Menschen vor, die alle vollkommen in ihrem eigenen Glück sind, die Zufriedenheit und innere Kraft ausstrahlen. Worüber würden sie sich unterhalten, wenn sie sich treffen? Über Krankheit? Über Zeiten, in denen es ihnen schlecht ging? Wart ihr schon einmal in der Gesellschaft solcher Menschen, die wirklich Zukunft gestalten, die vor Ideen und Energie übersprudeln und in ihrer Kraft sind?

Da wird Zukunft tatsächlich kreiert, wenn sich Menschen zusammensetzen, mit ihren Ideen um sich werfen und diese dann mehr und mehr in die Wirklichkeit kommen lassen. Aus einem Gedanken entsteht ein zweiter, ein dritter. Ein ganzes Konglomerat an Gedanken baut plötzlich ein Gebäude auf, das Zukunft heißt. Und gleichzeitig beginnt die Zukunft, weil eine Sekunde nach der anderen verrinnt. In dieser Zeit, in der ihr eine solche Vision aufbaut, geschieht etwas Neues, das ihr mit eurer Kraft in die Wirklichkeit umsetzen könnt.

Die innere Freude daran, etwas zu tun, ist das Wichtigste, damit ihr euch hauptsächlich an diese Freude erinnert, wenn ihr das nächste Mal zusammenkommt. Die Freude, etwas verändert zu haben, ist eure größte Motivation. Könnt ihr euch an Momente erinnern, in denen ihr tatsächlich eine Veränderung in eurem Leben geschaffen habt, die euch glücklich gemacht hat, in denen ihr gesagt habt: „Ja, geschafft, genau das ist es!" Über solche Momente solltet ihr sprechen, wenn ihr euch mit Freunden trefft, und daran denken, wenn ihr in die Zukunft gehen wollt. Diese solltet ihr neu kreieren, um eure innere Schöpferkraft zu stärken, eure Energie zu halten und dann alles in die Tat umzusetzen.

Ihr seht also, dass ihr allein durch eure Gedankenkraft und die Art und Weise, wie ihr mit euren Mitmenschen kommuniziert, völlig verschiedene Grundlagen habt. Einmal, eure Energie an andere abzugeben, die sie haben möchten, weil sie Aufmerksamkeit von euch brauchen, oder euch mit Gleichgesinnten zu treffen, die in ihrer eigenen Energie sind und eure Aufmerksamkeit nicht brauchen, aber mit denen ihr Ideen und Gedanken so austauschen könnt, dass daraus Zukunft werden kann, für euch und für sie. Vielleicht gelingt es euch sogar, diejenigen zu motivieren, die ständig in der Vergangenheit leben, damit sie aus diesem Zustand herausgenommen werden und ein neues Bild der Zukunft für sich entdecken.

Das ist eine wunderbare Möglichkeit, die Zukunft zu kreieren, in der ihr eure Zusammenkünfte mit anderen Menschen verändert, indem ihr neuen Gesprächsstoff hineingebt. Es fängt mit kleinen Schritten an, zum Beispiel, dass ihr die Idee habt zu sagen *(schnippt mit dem Finger)*: „Reden wir mal über etwas anderes. Ich habe da etwas. Lasst uns darüber nachdenken. Vielleicht habt ihr ja bessere Ideen dazu als ich jetzt." Traut es euch!

In dem Moment, in dem ihr das tut, seid ihr Mitschöpfer. Hättet ihr gedacht, dass ihr mit solchen Kleinigkeiten schon Mitschöpfer sein könnt? Aber genau das seid ihr, nämlich Mitschöpfer einer neuen Zukunft für euch selbst, eure Kinder und diese Erde, weil ihr die alten linearen Begebenheiten unterbrecht und sagt: „Kommt, lasst uns das Ganze einmal eine Stufe höher besprechen." Und schon seid ihr auf einem anderen Level, fühlt euch wohler und denkt: „Sie sind ja doch ganz nett, haben auch Ideen und Gedanken, die mit in die Zukunft gehen." Natürlich haben sie die! Sie sind ja genauso auf dieser Erde wie ihr.

Sie brauchen auch nur Anstöße. Genauso wie ihr euch eure Anstöße holt, vielleicht in einem Seminar, durch ein gutes Buch, einen Artikel in einer Zeitung oder über Gespräche mit Menschen, die ähnlich denken wie ihr, brauchen auch alle anderen, die noch in ihren alten Mustern leben, ab und zu einen Funken neuer Ideen. Und aus diesem Funken kann ein ganzes Feuerwerk werden. Mit einem Mal erkennt ihr Menschen nicht wieder, die noch vor drei Tagen in ihren alten Mustern gesessen haben, die jetzt aufgebrochen sind.

Ihr selbst spürt ja auch, dass die Veränderungen in euch ihre Zeit brauchen, und ihr nicht von heute auf morgen umschwenken und in das neue Paradigma hineinspringen könnt. Auch ihr habt eure Vergangenheit, die ihr mitbringt, und Befürchtungen für die Zukunft, die ihr mit hineintragt. All das ist vorhanden, bei jedem von euch. Um dieses zu verändern, solltet ihr euch immer gegenseitig unterstützen und es dem anderen sagen, wenn er mal wieder in der Energie von alter Krankheit steckt – ich nenne es einfach Krankheit, manchmal sind es auch nur Gewohnheiten. Es sind aber Gewohnheiten, die auf Dauer krank machen, weil sie nichts Neues entwickeln. Wenn ihr diese bemerkt, dann sagt: „Komm, lass uns mal über etwas Neues reden, ich habe da etwas." Und das solltet ihr dann auch umsetzen. Gönnt euch die Kraft und die Energie und spürt, wie ihr dadurch anfangt, enthusiastisch zu werden, tatsächlich überzusprudeln.

Jeder von euch hat ein Gebiet, über das er mit Menschen gut sprechen und sie dadurch motivieren kann. Und mit diesen Interessensgebieten könnt ihr in die Zukunft gehen und schauen: „Was kann verändert, verbessert werden?" Dies kann sein, festgefahrene Muster von Krankheit aufzulösen und in die Veränderung zu bringen, die Erde in Zukunft mit all ihren Pflanzen und Tieren anders zu betrachten und neu zu bewerten oder welche neuen Verhaltensmuster Eltern, Erzieher und Kinder lernen sollten, damit Kinder eine Zukunft haben, die belastungsfreier für sie ist. Oder es geht darum, Gemeinschaft anders zu leben und zum Beispiel Konkurrenzdenken oder Neid loszulassen, also alles, was euch daran hindert, glücklich zu sein.

Ihr habt so viele Möglichkeiten, eure Zukunft zu gestalten, und jeder sollte damit anfangen, was er im Herzen fühlt. Alles weitere kommt dann von selbst. Wenn jeder Mensch mit seinem Herzen an seinem Thema für die Zukunft arbeitet und dieses vertieft, ausführt und neue Kreationen mit hineinbringt, dann seid ihr alle auf dem Weg in die Zukunft. Denn wenn das viele Menschen tun, werden alle Themen bearbeitet, die ihr für eure eigene Zukunft, die eurer Kinder und der neuen Erde braucht. Ihr seid es selbst, die alles erschaffen.

Das ist der Punkt. Ihr seid es selbst, die alles erschaffen. Ihr seid es, die die Neue Erde bauen. Wir geben lediglich einen Anstoß, spielen euch einen Gedanken zu, der vielleicht schon einmal in euch war, jedoch zum damaligen Zeitpunkt von euch nicht aufgegriffen wurde.

Das ist der Part der Geistigen Welt. Wir bringen euch den Input, die Übersicht. Ihr setzt es um, denn ihr seid die Werkzeuge des Handelns. Mit eurer Seele, eurem Hohen Selbst sowie mit allen Anteilen, die ihr noch integrieren wollt, seid ihr dann mit diesem Körper der Teil, der handelt und die Veränderung bewirkt. Erst in euren Gedanken und dann in der Tat. In der Tat. So ist es. So gestaltet ihr Zukunft.

ICH BIN, der ICH BIN. ICH BIN St. Germain.

Kuthumi:
Mit Leichtigkeit und Freude in die Neue Zeit

ICH BIN Kuthumi.
Namasté! Der Gott in mir grüßt den Gott in dir!
Ich bringe euch die goldene Weisheit, die ihr in den kommenden Zeiten der Veränderung so dringend benötigt. Die Weisheit, Illusionen zu erkennen, wo sie sind, sowie tiefere Wahrheit und Weisheit innerlich zu fühlen. Zeit ist eine Illusion, euer Körper ist eine Illusion, werft alles weg, legt euch in euer Bett, auf euer Sofa, genießt den Tag, hört schöne Musik und tut nichts! Tut wirklich nichts! Die Zukunft kommt sowieso.

Aber das schafft ihr nicht. Ich weiß das. Niemand von euch. Ihr wollt aktiv sein und in euch das Feuer der Veränderung spüren. Ihr habt etwas in euch, das sagt: „Ja, ich will noch etwas ändern. Da ist noch etwas, das auch bei mir im Argen liegt. Ich habe so eine Unruhe, so ein Kribbeln. Ich *möchte* etwas verändern!" Und ich freue mich darüber, dass ihr dieses Feuer hinaustragen, in euch entfachen und Änderung hervorrufen wollt.

Auf diesem Weg kommt es nicht so sehr darauf an, aktiv zu sein und eins nach dem anderen abzuarbeiten, sondern in euch selbst hineinzuschauen und zu sehen: „Was ist es, das mich in meinem Wesen hier beschäftigt, wo liegt meine Hauptbeschäftigung, wenn ich an die Zukunft denke? Wohin fühle ich mich hingezogen? Welches sind meine Leidenschaften?" Das solltet ihr euch anschauen, jeder für sich: „Wo ist meine Leidenschaft?" Wobei das in dieser Sprache, in der ich jetzt spreche, ein Wortspiel ist. Aber ihr schafft damit keine Leiden, sondern überwindet das Leid, das in euch ist.

Wenn ihr einen Veränderungswunsch spürt, steht dahinter der Grund – in den meisten Fällen –, dass etwas nicht in Ordnung ist, dass dort ein Leid, ein Ungleichgewicht ist, eine Störung, vielleicht auch nur eine emotionale Unausgewogenheit. Auf jeden Fall so, wie es in eurer Vorstellung nicht sein sollte. Und das bringt euch in die Kraft, etwas zu verändern. Immer dann, wenn ihr spürt, dass etwas verändert werden soll, fangt ihr an, das Feuer eurer Leidenschaft zu entfachen. Es gibt Themen, die lassen euch so kalt, dass ihr denkt: „Ich kann mich darüber gar nicht unterhalten. Es treibt mich nichts an. Wenn dieses Thema auf den Tisch kommt, ist das langweilig." Bei anderen Themen seid ihr plötzlich diejenigen, die das Wort führen, und die anderen denken vielleicht: „Na ja, das ist ja heute wieder langweilig."

Aber es ist egal, denn es ist das Thema, bei dem euer inneres Feuer lodert, bei dem ihr eine Veränderung herbeiführen wollt. Wenn ihr in diesem Thema seid, solltet ihr genau schauen, was ihr bewirken könnt. Ihr solltet euch auch aussuchen – wenn ihr nicht alleine kämpfen möchtet –, ob es Gruppen, Organisationen oder Einrichtungen gibt, die ähnliche Vorstellungen haben. Mit ihnen könnt ihr euch dann zusammentun und eure Kraft dort hineingeben, was umgesetzt und verändert werden will. Wenn ihr dann nach einer Zeit merkt, dass sich eure Intention verändert hat, könnt ihr natürlich wieder wechseln. Dieser Wechsel, diese Veränderungen, sich immer wieder neu auszurichten, haben in eurer und der Zukunft der Menschheit einen neuen Stellenwert, hier wird sich vieles verändern.

Ihr werdet nicht mehr wie in früheren Zeiten in eine bestimmte Gilde oder Kaste hineingeboren und euer ganzes Leben darin verbringen. Das sind Strukturen der Vergangenheit, die in der Zukunft wirklich keinen Platz mehr haben. Ihr werdet eher so leben, dass ihr eine Zeit lang bestimmte Dinge besonders gerne tut, und wenn sie dann lange und gut getan sind und ihr das Gefühl habt, es ist genug, wird sich für euch etwas Neues auftun. Ihr werdet neue Ideen und Möglichkeiten haben, eure Kreativität auszuleben und euer Leben in anderer Weise zu gestalten, oder zumindest einen Teil davon. Das wird sowohl bei beruflichen wie bei privaten Aktivitäten so sein. Viele von euch haben damit in diesem Leben bereits angefangen und tragen die Veränderungen, die sie in sich spüren, in die Realität.

Zum Teil fühlt es sich noch nicht so gut an oder wird von außen nicht mit positiver Resonanz bedacht. Das wird sich aber in eurer direkten Zukunft verändern. Bei manchen wird es aus ihrem Inneren heraus entstehen, andere werden durch die äußeren Umstände dazu gezwungen, etwas zu verändern. Ihr könnt euch überlegen, was schöner für euch ist: dass eine Firma pleite geht und ihr damit zu neuen Ufern aufbrechen *müsst*, oder ob ihr von euch aus eure Gedanken und Ideen umsetzen möchtet und sagt: „Ich gebe das Alte von mir aus auf, weil ich merke, dass es nicht mehr zu mir passt, und kreiere etwas Neues, wovon ich denke, dass es mir eher entspricht."

Dabei werdet ihr sicherlich nicht gleich ins Schwarze treffen, sondern ein wenig herumexperimentieren. Vielleicht merkt ihr auch, dass das Neue noch nicht so gut läuft, zumindest im finanziellen Bereich. Aber ihr werdet lernen, euch selbst zu entwickeln und das in die äußere Welt zu bringen, was in eurem Inneren auftaucht. Das bringt dann für euch eine wirkliche Neuerung, wenn ihr umsetzt, was in euch als Idee entsteht, also dem Neuen eine Chance gebt, sich zu entwickeln und zu verwirklichen. Das ist es, was ihr in Zukunft für euch tun könnt.

Gebt dem Neuen immer wieder eine Chance. Lasst euch nicht von euren Gedanken und Gefühlen zurückhalten, die euch immer wieder erklären möchten, dass es doch nichts wird, weil es ja auch früher schon nichts geworden ist. Das ist mein geistiger Rat an euch. Es gehört ein Stück Mut dazu, Dinge zu tun, die andere ablehnen, und Überwindung, sich selbst als jemanden hinzustellen, der diese neue Dinge ausprobiert. Aber nur so könnt ihr tatsächlich eine Veränderung in dieser Welt hervorrufen.

In dem Moment, in dem ihr euch eurer inneren Weisheit und Kraft öffnet, haben wir die Möglichkeit, euch mit kleinen Ideen zu bombardieren, die dann irgendwo zwischen euren Gehirnzellen auftauchen und ein Bild erzeugen. Und wenn ihr in eurer Kraft seid, spürt ihr immer mehr, dass der Gegenspieler schwächer wird und ihr voller Schöpferkraft in eurer Idee der Zukunft seid.

Wenn ihr euren inneren Gegenspieler ausgeschaltet habt, kommen die äußeren. Nun geht es darum, bei euch zu bleiben, in eurer Kraft, in eurem Herzen, in eurer Mitte. Fangt nicht an zu kämpfen. Fangt niemals an, für die neuen Ideen zu kämpfen. Sie werden sich durchsetzen. Verbraucht nicht eure Energie im Kampf *gegen* jemanden, sondern sucht euch, wenn ihr eine neue Idee kreieren wollt, Menschen, die ähnlich denken, und setzt sie mit ihnen gemeinsam um. Erst wenn sie zur Realität wird, zeigt diese den anderen. Dinge, die in der Realität vorhanden sind, werden sie nicht verleugnen können. Wenn sie jedoch lediglich als Idee existieren, werden sie versuchen, sie euch auszureden.

Es liegt also bei euch, mit wie viel Widerstand und Kampf oder Leichtigkeit und Freude ihr Ideen in die Neue Zeit umsetzen wollt. Es liegt an der Auswahl eurer Partner. Sucht ihr euch Partner und Menschen aus, die eure Gegenspieler sind und von denen ihr immer wieder einen Dämpfer bekommt, dann wird es euch sehr schwerfallen, neue Ideen umzusetzen. Wenn ihr aber mit Menschen darüber sprecht, die auch neue Ideen und Zukunftsvisionen haben und euch verstehen, ist es wesentlich leichter, alles, was ihr wollt, in dieser Neuen Welt umzusetzen. Und ihr *wollt* etwas umsetzen.

ICH BIN Kuthumi.
Namasté!

Hilarion:
Dein Pfad der Wahrheit

ICH BIN Hilarion.

Ich grüße euch mit der Kraft des grünen Strahls der Heilung und der Wahrheit, mit der Kraft, die euch durchströmt, wenn ihr eure eigene Gesundheit und Wahrheit anschaut.

Es geht darum, euch zu erklären, wo die alten Muster und Prägungen sind, wo ihr Heilung für euch erfahren könnt und wo ihr eure eigenen Wahrheiten erkennt und dann auch umsetzt. Es geht immer darum, das anzuerkennen und zu leben, was ihr selbst in euch als Wahrheit fühlt. Wenn ihr in eurem Leben von eurer Wahrheit abweicht und euch nicht so verhaltet, wie ihr selbst es in euch als richtig fühlt, sondern euch danach richtet, was andere von euch erwarten, weicht ihr von eurem Pfad der Wahrheit ab. Und je mehr ihr von diesem abweicht, desto mehr Nachkorrekturen muss es geben, um euch wieder auf den Weg zu bringen, auf den eure Seele euch gesetzt hat, als ihr in dieses Leben gegangen seid.

Manche von euch empfangen diese Impulse innerer Wahrheit schon recht gut und haben kein Problem damit, sie umzusetzen und das zu leben, was im Moment ansteht. Andere wiederum fühlen sich so sehr von anderen Menschen in bestimmte Richtungen gedrängt, dass sie ihre eigene Wahrheit kaum leben. Auch das hat natürlich seinen Sinn, nämlich zu erkennen, dass es nicht das eigene, sondern ein übernommenes Muster aus vielleicht schon Generationen davor ist, das jedoch für die heutige Zeit nicht mehr zutrifft.

Ihr könnt immer wieder neu erschaffen. Genauso könnt ihr auch euer Leben anders führen als eure Eltern, Großeltern und noch Generationen davor. Sie hatten zum Beispiel Existenznöte im materiellen Bereich, die ihr heute in der Regel nicht mehr habt, und wenn, dann sind es Luxusprobleme, denn ihr seid heute an einem Punkt, an dem ihr eure inneren Defizite, Mängel und Sehnsüchte erfüllen wollt. Ihr braucht nicht mehr dafür zu sorgen, genug zu essen zu haben. Das ist in der Regel vorhanden. Euer Luxusproblem ist eher: „Fahren wir dieses Jahr in die Türkei oder nach Spanien? Oder nehmen wir uns ein Haus in Dänemark?" Ihr seid also in einer ganz anderen Situation und müsst euch nicht darum kümmern, ob noch genug Kartoffeln im Keller sind und ob sie bis zur nächsten Ernte reichen.

Wenn ihr euch dieser inneren Wahrheiten bewusst werdet, habt ihr trotz Türkei, Spanien oder Dänemark das Gefühl: „Da fehlt noch etwas. Es ist nicht alles. Es ist zwar nett, und es ist ja auch schön, aber ich fühle mich genauso unausgefüllt, wenn die Ablenkungen vorbei sind, wie hier. Meine Sehnsucht nach etwas anderem ist genauso da." Das Gefühl, im Inneren nicht ausgefüllt zu sein, kann im

Urlaub nur für einige Tage übertüncht werden. Aber wenn ihr genau hinschaut, ist sie auch dann da. Alle eure Ablenkungen sind also eine Zeit lang ganz nett, werden aber nicht verhindern, dass euch die Seele immer wieder an den Punkt bringt, an dem ihr die Wahrheit in euch selbst sehen wollt, die Wahrheit, warum ihr hier, in diesem Körper, seid und dieses Leben führt.

Es geht immer darum, innere Erkenntnisse zu sammeln und zu gewinnen und dann das, was eure Seele in dieser Welt umsetzen möchte, nach und nach, Stück für Stück, umzusetzen. Jedes Mal, wenn ihr von diesem Pfad abweicht, wird die Seele Korrekturen einführen. Schafft ihr es nicht, diese frühzeitig zu erkennen, kann es passieren, dass die Hinweise etwas massiver werden. In diesem Fall sprecht ihr von Krankheit. Manchmal tut es auch richtig weh. Aber alles lässt sich korrigieren und wieder auf den richtigen Weg bringen. Ihr seid es, die es mit kreieren. Ihr seid es, die sich in ihren Körper, in ihre Seele, in das eigene Empfinden einfühlen müssen, um zu erkennen, was euch tatsächlich fehlt. Schaut hinein, was euch fehlt. Fühlt, wo der innere Mangel ist, wo sich das, was ihr von diesem Leben erwartet, nicht damit deckt, wie es tatsächlich ist, und dann schaut nach: „Welche sind die Ursachen bei mir? Wo steckt der Haken? Warum funktioniert es nicht? Warum hat es sich in meinem Leben nicht so entwickelt, wie ich mir es vorgestellt habe? Warum habe ich das Glück nicht gepachtet? Warum fühle ich mich nicht wohl? Was fehlt mir tatsächlich?"

Wenn ihr an diese innere Wahrheit herankommt, die manchmal verborgen sein kann unter Schichten anderer Ansammlungen von Dingen, die ihr nicht mehr braucht – es ist so, als ob ihr einen Keller mit Gerümpel aus Jahrzehnten aufräumen müsstet, um darunter, ganz weit unten, das zu finden, weshalb ihr eigentlich hierhergekommen seid: eure Wahrheit, die Wahrheit, die ihr in diese Welt mitgebracht habt –, wenn ihr diese Wahrheit entdeckt, wird sich alles andere auflösen, was sich euer Körper/Geist/Seele-System ausgesucht hat, um es euch schlecht gehen zu lassen. Wenn ihr in die Wahrheit eurer eigenen inneren Kraft kommt, kommt ihr in die Balance zwischen Körper, Geist und Seele. Dann lebt ihr tatsächlich das, was ihr leben wollt. Ihr habt dann die Angst überwunden, es den anderen zu zeigen, die in eurem Umfeld leben, und den Mut gefunden, das zu tun, was ihr schon immer tun wolltet.

Damit habt ihr den größten Schritt begonnen, in eure persönliche Heilung zu gehen. Was sich in euch als wahr anfühlt, wird euch immer heilen. Das ist das Geheimnis von Heilung. Es geht nur in euch selbst. Alles andere im Außen kann euch lediglich Anstoß und Hilfsmittel sein. Es ist nicht falsch, Hilfsmittel zu benutzen, es ist auch nicht falsch, einmal ein Schmerzmittel zu benutzen, wenn es tatsächlich nicht anders geht. Aber es ist wichtig, sich zu fragen: Wo kommt die Krankheit *ursächlich* her? Wo steckt der Widerhaken tief im Fleisch? Wo tut es weh, und warum tut es dort weh?, um dann zu finden und auszugraben, was euch in diesem Leben beflügelt, euch über die Wellen des Schmerzes hinweg emporhebt und euch in eine Zukunft hineinträgt, die von eurer Wahrheit und Aufrichtigkeit geprägt ist.

Ihr müsst es selbst suchen, und lange habt ihr es vor euch versteckt, doch es wird nach und nach hervorkommen, und ihr werdet es leben. Ihr werdet euer eigenes Sein, euren Seelenplan, eure Wahrheit auf dieser Welt leben und damit die neue Welt, die neue Erde, mitgestalten, die Zukunft, euer eigenes Leben, das Leben der Erde. Natürlich werdet ihr mit allen Veränderungen auch die Zukunft eurer Kinder mitgestalten, denn eure Kinder und Enkel kommen schon mit ganz anderen Voraussetzungen in diese Welt. Sie werden nicht mehr so tief bohren müssen, um ihre eigenen Wahrheiten zu entdecken, sondern sie viel eher an der Oberfläche finden und sofort leben können, wenn ihr ihnen die Voraussetzungen dafür bietet und ihnen zeigt, dass ihr es auch versucht – so gut ihr eben könnt.

Wenn ihr eure eigenen Wahrheiten sucht und umsetzt, seid ihr damit also auch für die Menschen, die nach euch kommen, ein Vorbild: ein Mensch, der sich selbst so nimmt, wie er ist, und seine eigenen Wahrheiten leben will. Das ist ein wichtiges Vorbild für alle Kinder, die danach suchen, wie sie ihr Leben gestalten und sich an dem Verhalten der Menschen ausrichten, die schon länger auf dieser Erde sind.

Eure eigene Wahrheit wird euch in den Prozess der Heilung bringen, und zwar nicht nur auf körperlicher, sondern auch auf seelischer, gefühlsmäßiger und mentaler Ebene, in der der Geist ständig plappert und der Verstand dazwischenredet. Oder auf der Ebene, in der die Gefühle immer wieder auftauchen und es euch übel wird. Oder sogar auf der Ebene eures Herzens, das manches Mal weh tut, weil ihr gerade eure eigene Wahrheit nicht gelebt, sondern euch selbst betrogen und verleugnet habt.

Schaut genau hin, was ihr mit euch tut, und lasst daraus den Mut wachsen, eure Wahrheit anzunehmen und zu leben, denn daraus wird Gesundheit auf allen Ebenen entstehen. Ich unterstütze euch gerne dabei. Für jeden Rat, den ihr aus der Geistigen Welt erhalten möchtet, stehe ich euch zur Verfügung. Ruft mich, wenn ihr es wollt und Veränderung wünscht.

ICH BIN Hilarion und grüße euch mit dem grünen Strahl der Wahrheit und der Heilung, die euch auf allen Ebenen eures Körper/Geist/Seele-Systems erreichen kann.

St. Germain:
Die vollständige Umwandlung eurer Gesellschaft

ICH BIN, der ICH BIN. ICH BIN St. Germain.
Ich grüße euch aus den Ebenen, die ihr auch erreichen werdet. Ich grüße euch aus den Ebenen der Fünften bis Siebten Dimension, in denen wir mehr verweilen als in eurer. Ich grüße euch aus diesen Bereichen, die anders sind als das, was ihr auf dieser Erde in dieser Dualität erlebt, anders als alles, was im Moment in eurem Verstand und eurem Körper geschieht. Alles, was ihr in eurer Dimension erlebt, wird sich vollständig verändert haben, wenn ihr in die nächsten Ebenen aufsteigt.

Dieser Aufstieg, über den so oft und so viel gesprochen wird, lässt für die meisten Menschen noch etwas auf sich warten. Es ist auf Seelenebene beschlossen, dass ein gemeinsamer Aufstieg, eine gemeinsame Entwicklung geschehen soll. Das bedeutet für viele, die jetzt schon weit vorangeschritten sind, dass sie auf die anderen warten, die nachkommen wollen, und für diejenigen Hilfestellungen anbieten, die sich für Themen im geistigen Bereich interessieren. Es ist also eine gemeinsame große Aktion auf Seelenebene geplant, in der alle Menschen sich verbinden, um eine Bewusstseinsebene zu erreichen, von der aus dann ein gemeinsames Aufsteigen – oder wie immer man das nennen will – möglich ist.

Hier liegt eine große Chance und auch eine neue Entwicklung, die sich erst in diesem Jahr *(Anm.: 2010)* so gezeigt hat. Vorher war nicht klar, ob nicht vielleicht einige Wenige vorangehen, um das Feld zu bereiten, in dem sich die anderen dann nach und nach einfinden wollen. Jetzt ist aber beschlossen worden, gemeinsam zu gehen. Es macht auch als gesamte Menschheit einen großen Sinn, die Ebenen der Erde gemeinsam so weit zu entwickeln, bis alle auf der Stufe sind, dass diese Entwicklung im Bewusstsein möglich ist. Es zeugt von einer großen Liebe untereinander auf Seelenebene, dass dieser geistige Beschluss so gefasst ist. Das bedeutet natürlich, dass sich viele Pläne wieder ändern – persönliche, wie auch globale. Das heißt, nichts wird so werden, wie sich viele Menschen mit ihrem Verstand den Aufstieg vorgestellt haben. Einiges wird sich völlig anders entwickeln.

Auch die persönlichen Lebensumstände werden sich anders entwickeln, als viele denken, ebenso die Gesamtentwicklung der Erde mit allen Strömen, die fließen: Wirtschaftsströme, Finanzströme und natürlich auch die natürlichen Strömungen werden eine andere Richtung nehmen, in der es einen Wandel gibt, der langfristig bleibt, aber langsamer umgesetzt wird, als es sich die meisten wünschen. In diesen Prozessen gibt es nun eine neue Orientierung. Es hat sich schon im ganzen letzten Jahr angedeutet, dass sich hier etwas neu entwickeln will. Und jetzt ist es tatsächlich so, dass alle Weichen für die Entwicklung gestellt sind, die sich neu zeigen wird.

Was bedeutet das für den Einzelnen? Es bedeutet, dass natürlich die innere geistige Entwicklung voranschreitet, das Bewusstsein sich erweitert und immer mehr intuitiv gefühlt, verstanden und angenommen wird, aber die Ebene der Erleuchtung, auf die so viele warten, noch nicht kommt. Ihr werdet nach und nach in eurer persönlichen Entwicklung viel besser verstehen, warum andere Menschen so sind, wie sie sind, ebenso wie ihr ein Gefühl dafür bekommt, dass ihr alles so, wie es ist, lassen und ohne Kampf durch dieses Leben gehen könnt.

In eurer Entwicklung werdet ihr spüren, dass diese alten Kampf- und Angstmuster sowie die anderen Felder, die euch behindern, immer mehr nachlassen und dann ganz verschwinden. Sie sind dann von der Verstandesfestplatte gelöscht, wie man heute so schön sagt. Diese Muster braucht ihr nicht mehr, um in die neue Welt zu gehen und diese zu bauen. Je mehr Menschen angstfrei, mit einem frohen Herzen und einer inneren Ausstrahlung von Liebe durch diese Welt gehen, desto mehr werden die anderen angesteckt, die sich auch mit auf den Weg machen wollen. Allein durch eure persönliche Bewusstseinsveränderung könnt ihr alle die Entwicklung forcieren, mitbeeinflussen, und eine neue Welt miterschaffen.

Vieles, was daraus entsteht, wird euch am Anfang noch etwas verwundern, zum Beispiel, wenn ihr manchmal um die Menschen Farben ihrer Aura seht, oder mit euren Gedanken und Vorstellungen schon ahnt, was der andere als Nächstes sagen wird oder von wem der nächste Anruf kommt. Vielleicht kommt es sogar so weit, dass der ein oder andere seinen Körper mit Geisteskraft fortbewegen kann. Hier sind auch weit vor der Erleuchtung und dem allgemeinen Aufstieg Veränderungen möglich, die sich in der nächsten Zeit vermehrt zeigen werden. Manches tritt nur sporadisch auf, anderes wird dauerhaft bleiben. Es kommt immer darauf an, wie ihr in euch mit diesen Fähigkeiten umgeht, die sich neu entwickeln wollen.

Bleibt in Liebe und Zurückhaltung, in einer persönlichen Zurückhaltung – ich will das Wort „Demut" nicht benutzen, weil viele von euch schlechte Erinnerungen aus vielen vergangenen Leben damit haben. Aber Demut ist im Grunde genommen genau das, was gemeint ist: sich selbst zurücknehmen in dem, was geschieht, die eigene individuelle Persönlichkeit nicht so sehr in den Vordergrund schieben, mehr im Hintergrund wirken und trotzdem in der kompletten ICH BIN-Kraft sein. Es ist möglich, vollkommen im Hier und Jetzt in der eigenen Kraft zu stehen und gleichzeitig die verstandesmäßigen und egobezogenen Interessen zurückzustellen. Je länger und weiter die Wege sind, die ihr auf dieser Erde geht, desto leichter wird euch dies fallen und ihr werdet alles annehmen können, was ist, ohne in alte Muster zu fallen.

In den nächsten Jahren werdet ihr auf dieser Erde eine Umwandlung eures Geldsystems erleben, am Anfang in der Richtung, dass es weniger wert wird, was aber nichts

Neues ist. Eure Ökonomen sagen euch schon eine ganze Weile, dass nur eine beständige, langsame Inflation die Wirtschaft in Gang hält, wie man so schön sagt. Aber nun wird es so sein, dass sich viele Wirtschaftsblasen auftun und platzen werden, wo Menschen tatsächlich nicht korrekt und verantwortungsbewusst mit den ihnen anvertrauten Geldern umgegangen sind, sondern wo *gespielt* wurde. Es wird tatsächlich mit dem Geld gespielt, das manche von euch auf die Bank bringen, und ihr gebt den Spielleitern die Möglichkeit, zu zocken, zu schauen, dass euer Geld sich vermehrt, denn ihr habt es ja deshalb dort hingegeben – manchmal.

Nun kann es passieren, dass sich die Spielregeln ändern, wodurch plötzlich etwas fehlt. Es ist euch in der Vergangenheit schon passiert. Ihr habt gesehen, wie schnell Millionen von Euros oder Dollars einfach verschwinden, weil etwas geplatzt ist. Und es wird noch mehr platzen, weil das, was im Moment in dieser Welt an Wirtschaftswachstum angestrebt wird, nicht sinnvoll für euch ist. Es ist nicht sinnvoll, ein Immer-mehr-und-immer-mehr-und-immer-höher-und-immer Besser für euer eigenes Egobewusstsein zu schaffen, da auch mit weniger genauso viel Entwicklungspotenzial vorhanden ist. Ihr werdet mit den Entwicklungen eurer derzeitigen Wirtschaft, Kommunikation und Vernetzung bald eine sogenannte Sättigung erreicht haben. Mit dem Beginn dieser Sättigung werden sich Menschen wieder anderen Bereichen zuwenden und nicht mehr im Außen konsumieren, sondern mehr nach innen gehen und in sich selbst das suchen, was sie im Außen niemals finden werden. Das bewirkt, dass innerhalb der produzierenden Wirtschaft tatsächlich weniger, viel weniger gebraucht wird.

Im Endeffekt könnte euer gesamtes System auch gut funktionieren, wenn jeder von euch nur zwei bis vier Stunden am Tag arbeiten würde und dabei noch jeder zweite Tag ein Feiertag wäre. Macht es so, wie ihr es wollt: Kreiert euch Feiertage und das, was ihr wirklich wollt. Wollt ihr mehr im Außen konsumieren, oder mehr die Liebe im Herzen fühlen: zu euch selbst, mit euch selbst, zu Allem-was-ist, zu jedem Lebewesen, das euch begegnet, zu jeder Fliege, die durch die Luft fliegt, zu jeder Blume, die euren Blick erfreut, zu jedem Tier, das euren Weg kreuzt? Es ist möglich, in jeder Kreatur, in jedem Stein, in jeder Erscheinung die Liebe der Schöpfung zu entdecken.

Wenn ihr auf diesem Weg seid, in die Liebe der Schöpfung zu schauen, wird sich euer Bewusstsein nach und nach von den äußeren materiellen Dingen abwenden, von den Ablenkungen, die euer tägliches Leben bietet, vom Radio über das Internet bis zum Fernsehen, bis hin zu allen anderen Dingen, die nur den Geist ablenken und euch nicht in eine wirkliche Veränderung bringen. All dieses werdet ihr nicht mehr haben wollen, weil ihr das Gefühl der Sättigung erreicht habt. Dieses Sättigungsgefühl ist ein klares und wichtiges Zeichen auf eurem persönlichen Weg der Entwicklung. Wenn ihr immer mehr fühlt, dass ihr tatsächlich in und zu euch zurücksinken, in euer Innerstes hineinschauen und dort mit euch selbst verweilen möchtet, ohne dass euch langweilig wird, dann habt ihr eine Phase erreicht, in der ihr einen Bewusstseinssprung schon fast alleine durchführen könntet, wenn ihr nicht die Absprache hättet, alle gemeinsam aufzusteigen. Aus diesem Bewusstsein heraus seid ihr viel stärker mit allem verbunden, was ist, nicht nur damit, was euch jetzt schon umgibt und bekannt ist, sondern auch mit vielen anderen Dingen.

Diese Welt wird sich, je mehr jeder Einzelne mit sich selbst in Liebe ist, in eine Welt wandeln, in der jeder Liebe ausstrahlt und alle Menschen gemeinsam etwas erreichen wollen, ohne dass jemand dabei übervorteilt wird oder den anderen ausnutzt, immer in dem Bewusstsein der liebevollen Zuwendung zueinander und dass jeder das bekommt und hat, was er tatsächlich braucht. Hier wird jeder geben, und alle werden haben, was sie brauchen. Diese Entwicklung steht euch bevor. Ihr denkt natürlich: „OK, in dieser Welt, in dem Land, in dem ich jetzt lebe, da ist das alles noch recht einfach und auch recht gut geregelt. Wir haben ja unsere Sozialsysteme, und selbst für diejenigen, die nicht so viel haben, wird irgendwie gesorgt." Das ist richtig. Es wird irgendwie dafür gesorgt, und trotzdem gibt es große Bereiche in dieser Gesellschaft, in der einige viel haben und einige ganz wenig. Beides ist in Ordnung. Beides ist richtig. Nichts davon ist falsch. Alle, die nicht zufrieden sind mit dem, was ist, werden in diesem neuen Bewusstsein die Erkenntnis gewinnen, dass das, was sie haben, ausreichend ist, und genügsamer werden, während diejenigen, die sowieso im Übermaß leben, nach und nach spüren, dass ihnen das nicht guttut und freiwillig abgeben und ihr Leben in Ausgleich und Balance bringen.

Das ist dann in einer Gesellschaft wie dieser, in diesem Land, schon ein großer Fortschritt und wird in der Entwicklung weitergehen, auch in andere Staaten. Es wird über andere Kontinente hinausgehen, und so wird sich die ganze Erde mit all ihren Wirtschaftssystemen angleichen und das Bewusstsein aller Menschen auf einen Entwicklungsstand kommen, auf dem alle gleich sind. Natürlich wird es noch Unterschiede geben, Individualitäten, es wird immer noch lange und kurze Nasen geben, große und kleine Menschen. Es werden nicht alle gleich aussehen, aber es wird ein gleiches Bewusstsein vorhanden sein, ein Bewusstsein der Liebe und Zuwendung zu allen und allem.

In diesem Bewusstsein werden sich alle Systeme dieser Welt vollständig verändern. Die Güter, die ihr braucht, werdet ihr mehr aus den Regionen beziehen, in denen ihr lebt. Gleichzeitig werdet ihr global mit der ganzen Welt vernetzt sein und so alles erfahren können, was ist. Es wird eine so große Veränderung sein, dass sich nach und nach auch dieses Gut, das ihr für so wichtig erachtet und das in eurer Gesellschaft einen so großen Stellenwert eingenommen hat, dieses Tauschmittel, das ihr Geld nennt, langsam verändern wird. Es wird nicht mehr diesen Stellenwert haben wie jetzt, sondern nur noch für die wirklichen Luxusartikel, die eigentlich niemand braucht, benötigt werden. Auch das ist nur ein Übergang, weil auch diese Artikel irgendwann wirklich allen so zur Verfügung stehen, dass jeder das hat und bekommt, was er oder sie benötigt.

In diesem Sinne wird die wirtschaftliche Entwicklung, die sich jetzt immer mehr zeigt, einen tatsächlichen Wandel mit sich bringen, der dazu führt, dass die Wirtschaftssysteme, wie sie jetzt sind, erst einmal zusammenbrechen, um sich dann wieder auf einem Niveau zu stabilisieren, das angemessen ist und gebraucht wird, das die Erde und ihre Ressourcen schützt, Tiere, Menschen und Pflanzen, und für alle Menschen ein System ist, das ihnen guttut, in dem keine krank machenden Produktionen mehr in der Wirtschaft entstehen, sondern Gesundheit und Wohlbefinden aller Lebewesen absoluten Vorrang haben.

Das wird in den nächsten ein- bis zweihundert Jahren geschehen. Jeder von euch hat also die Gelegenheit, noch einmal aus diesem Körper herauszutreten und sich neu zu inkarnieren, um daran mitzuarbeiten. Ihr könnt natürlich auch schon jetzt daran mitarbeiten, indem ihr euch geistig immer wieder damit verbindet und mit euren eigenen Vorstellungen daran arbeitet, was ihr für euch und eure Mitmenschen schön und erstrebenswert findet. Wenn ihr das tut, werdet ihr merken, dass ihr nach und nach immer weniger braucht und die Ablenkungen weniger werden. Irgendwann habt ihr einen Punkt erreicht, an dem ihr völlig zufrieden seid, und aus diesem Zustand heraus, dieser inneren Zufriedenheit, könnt ihr dann tatsächlich die Welt verändern.

Zufriedenheit ist der Schlüssel, Zufriedenheit zu dem, was im Moment ist. Annehmen dessen, was jetzt tatsächlich da ist, ist der absolute Schlüssel dafür, dass sich die Zukunft verändern kann. Nur wer alles annimmt, was ist, kann es loslassen. Und dann seid ihr in einer neuen, wunderbaren Ebene des inneren Glücklichseins – erst einmal persönlich, doch nach und nach mit vielen Menschen und Gruppierungen, die um euch sind.

Gleichzeitig wachst ihr in eine Kraft hinein, in der ihr euch gestärkt fühlt, in der ihr eure Wirbelsäule aufrichtet, in der ihr um euer eigentliches Potenzial wisst, das euch innewohnt, in der ihr die Verbindung zu eurer eigenen Seele wieder spürt, zu eurem Höheren Selbst, zu den Anteilen, die ihr zurückgelassen habt, als ihr als Engel abgedankt habt, um als Menschen auf diese Erde zu kommen. Dieses Bewusstsein wird sich mit der Zeit wieder entwickeln, ihr werdet wieder die Verbindung zu eurem Engelsbewusstsein spüren und dankbar alles annehmen, was zu euch strömt. Ihr habt es nur zurückgelassen. Nichts ist verloren und muss mühsam wiedergefunden oder durch Streben und Arbeiten wieder zurückgeholt werden. Alles ist vollständig da. Es muss nur angenommen werden, und schon seid ihr mit eurem eigenen Bewusstsein auf einer ganz anderen Ebene.

ICH BIN, der ICH BIN, und jeder von euch ist auch in dieser ICH BIN-Gegenwart mit sich selbst, wenn ihr das wollt. Jeder Einzelne kann sich in diese ICH BIN-Gegenwart hineinbegeben und sie als die Grundlage seines Lebens manifestieren. Ihr seid dann eine völlig andere Persönlichkeit, und es geht eine Ausstrahlung von euch aus, die euch stärker erscheinen lässt, euer Innerstes nach außen bringt und euch im Fluss des Lebens ein starker Anker sein lässt, auch für viele andere Menschen in eurer Umgebung. Diese ICH BIN-Kraft wünsche ich euch jederzeit. Ihr könnt sie gut gebrauchen, wenn ihr durch die Wandelströme der nächsten Jahre und Jahrzehnte geht, in denen vieles umgegraben wird, viele Wellen hochschlagen und auch auf der Erde noch manche Entwicklung stattfindet, die selbst diese noch einmal verändert.

Hier seid ihr mit eurer Kraft gefragt, euch selbst zu stabilisieren und eine innere Zuversicht zu entwickeln, aus der ihr ganz klar als jemand hervorgeht, der sich nicht ängstigen lässt. Diese Kraft ist immer bei euch, wenn ihr sie anruft, und sie wird durch mich repräsentiert: Es ist der violette Strahl der Wandlung, der die nächsten Jahrhunderte bestimmen wird. In diesen Wandlungszeiten könnt ihr entweder die Farbe, mich oder Ebenen aus der Geistigen Welt rufen, die ihr für euch annehmen könnt. Ich wünsche euch dabei viele tiefe Erkenntnisse, die euch in eurer innersten Seele und in eurem Herzen treffen und von hier aus die Kraft ausstrahlen, die ihr braucht, um dieses Leben zu leben und für die Menschen um euch ein starker Anker zu sein, der für alle Halt bieten kann.

ICH BIN, der ICH BIN. ICH BIN St. Germain.

☆☆☆☆☆

Sanat Kumara:
Veränderung für eure Lebensmittel

ICH BIN Sanat Kumara.

Die Liebe des Universums ist immer mit euch. Die Liebe des Universums ist immer mit allen Wesen, die um euch sind. Sie ist immer in allem, was euch umgibt: in jedem Grashalm, in jeder Pflanze, in jedem Baum, in jedem Tier, in jedem Menschen, der das Leben mit euch teilt. Die Liebe des Universums ist immer direkt bei dir, egal, wo du bist. Diese Liebe, die sich in allem manifestiert und in jedem Teil der Schöpfung vorhanden ist, will bei dir ankommen, von dir gesehen und in allem entdeckt werden, was du tust. Darum hast du die Möglichkeit, sie tatsächlich auch mit deinem Körper zu spüren, zu fühlen, und alles in dich aufzunehmen, was du für dein Leben auf der zukünftigen Erde brauchst.

In einer Zukunft, die du dir selbst mitkreierst, wird eine Welt entstehen, in der du mit den Elementen auf eine Art und Weise verbunden bist, wie du es dir heute nicht vorstellen kannst. Du wirst nicht nur mit dem Wind verbunden sein, weil du ihn auf deiner Haut spürst, oder mit der Erde, weil du sie unter deinen Füßen fühlst, oder mit dem Feuer, das dich wärmt, oder mit dem Wasser, das dich belebt. Es sind noch andere Qualitäten, die in dir entstehen und aufgenommen werden. Qualitäten, die zu dir kommen, weil alle diese Elemente in jedem Bissen sind, den du zu dir nimmst. Jedes Korn, das wächst, jede Frucht, die gedeiht, alles, was die Pflanzen dir geben, ist von allen Elementen durchdrungen.

Das Feuer der Sonne hat so viel Wärme gebracht, dass sich diese Pflanze ihr entgegenstrecken konnte. Die Erde hat ihr alle Mineralien und Stoffe gegeben, die sie brauchte, um sich zu entwickeln. Und es ist so, dass das Wasser in ihr aufsteigen konnte, in ihren Kanälen, durch das Wurzelwerk zu ihren aufgerichteten Stängeln und Stämmen, sodass auch dieses Element eine innere Stärkung in die Pflanze hineingebracht hat, die sie mit nach oben treibt. Gleichzeitig hat der Wind sie immer sanft umweht oder auch mal stürmisch angepackt, sodass sie stark und kräftig werden konnte. Sie dient euch, indem sie Frucht trägt, die ihr zu euch nehmen könnt. Alle Elemente sind in ihr enthalten, auch das Element des Äthers, der Schöpfung selbst, der Blaupause dessen, was hinter der Idee dieser Pflanze steht. Gleichzeitig ist sie dazu da, euch alles zu geben, was ihr für euren Körper braucht.

Wenn ihr mit diesem Gefühl und dieser inneren Einstellung eure Nahrungsmittel anschaut, die ihr im Moment zu euch nehmt, bei denen ihr manchmal nicht mehr wisst, aus welchen Grundpflanzen sie entstanden ist, nicht erkennt, was auf eurem Teller liegt und was der Hintergrund dessen ist und was da gewachsen ist, dann habt ihr euch von der Seele dieser Pflanze entfernt, von der Grundidee dieses Lebensmittels, das euren Körper nicht nur rein äußerlich, sondern auch innerlich nähren will. Ihr seid von allen Heilmitteln umgeben, die euer Körper braucht, von allen Stoffen, die in eurem Körper Gutes bewirken können. Ihr seid wirklich von einer Schöpfung umgeben, die alles in sich trägt, was Menschen jemals für sich und ihren Körper brauchen.

Auf dem Weg in die nächsten Dimensionen werdet ihr Veränderungen vornehmen, indem ihr nach und nach von den Nahrungsmitteln lassen werdet, die nicht hilfreich für euch sind, die euch nicht in eurer Schwingung anheben und euch nicht das Gefühl vermitteln, euch in die nächste Dimension mitzutragen. Ihr werdet immer mehr das Gefühl dafür bekommen, was euch guttut und was nicht und mit eurem Bewusstsein anders an die Stoffe herangehen, die ihr über den Mund, die Nase, die Ohren und die Haut in euch hineingebt. Bewusster, klarer und durchlässiger für die subtilen Energien aller Pflanzen und Wesen, die um euch sind, werdet ihr mit eurem Körper ein Feingefühl dafür entwickeln, was er wann am dringendsten braucht, und euch selbst darum kümmern, dass er das bekommt, was er im Moment nötig hat.

Mit eurer inneren Einstellung werdet ihr Menschen um euch haben, die mit den Pflanzen in so tiefer innerer Verbindung sind, dass sie mit ihnen zusammen eine Kunst entwickeln, für euren Körper neue Formen des Geschmacks und der köstlichen Speisen zu kreieren. Es wird Menschen geben, die es in eine tiefe innere Freude hineintreibt, wenn sie mit dem inneren Wesen von Lebensmitteln experimentieren dürfen. Gleichzeitig werden diese Menschen einen starken Kontakt und die Verbindung zu denjenigen haben, die Lust und Spaß daran haben, diese Pflanzen wachsen zu sehen, ihnen den Raum zu geben, den sie brauchen, damit sie gedeihen können, ihnen den richtigen Ort zu geben, an dem sie sich entwickeln können und mit ihnen gemeinsam einen blühenden, fruchtbringenden Garten zu entwickeln, über den sich alle Wesen ernähren können.

In diesem Bereich wird viel geschehen. Lebensmittel werden nicht in Produktion gehen, wie es im Moment der Fall ist. Das Produzieren wird zurückgefahren, und es wird ein künstlerisches Wirken entstehen, das völlig anders ist als das Wirtschaften, das ihr bisher kennt. Menschen, die sich mit dem Gärtnern, mit der Tiefe der pflanzlichen Seelenebene, beschäftigen, werden eine Verbindung haben, die so tief, liebevoll und ganzheitlich ist, dass aus dieser Symbiose zwischen Pflanze und Mensch eine Qualität entsteht, die neu ist und in der das Wort „Lebensmittel" eine noch größere Dimension enthält, weil darin auch die Liebe enthalten ist, die durch die Menschen mit hineingeflossen ist, die daran mitgearbeitet haben. Es ist die Liebe der Schöpfung, die in jeder Pflanze ist, und es kommt die Liebe des Menschen dazu, der diese sich liebevoll entwickeln lässt und alles dafür getan hat, dass diese Pflanze ihren Raum, ihren Ort, ihren Platz hatte und gedeihen, sich ausleben durfte, bis sie dann als fruchtbringender Teil in den großen Kreislauf zurückgeht, um Mensch oder Tier eine Nahrung zu sein, die ihn/es in Körper, Geist und Seele nährt und stärkt.

Von dem Acker, auf dem die Pflanze gewachsen ist, bis zu dem Moment, an dem sie durch einen Mund in einen Körper hineingegeben wird, liegen einige Schritte, in denen sie verfeinert, veredelt und auf eine Art und Weise zubereitet wird, die ihr heute schon kennt, wenn ihr besonders talentierte Köche habt, die ihr Tun mehr als Kunst denn als Arbeit empfinden. Das ist es, was ein Lebensmittel, ein Essen so aufwertet, wie es nicht über Materie geschehen kann, sondern nur über Energie, die bei der Zubereitung mit hineingegeben wird.

Hier ist es so, dass die eigene Liebe zum Tun – zum Kochen, Braten, Zubereiten – eine so starke Kraft ist, dass sie dieses Lebensmittel zusätzlich aufwertet, was in der Zukunft selbstverständlich sein wird. Es wird ein Lebensmittel sein, das nicht nur ohne lebensvernichtende Stoffe aufwachsen durfte und alles hatte, was es brauchte, um sich optimal zu dem zu entwickeln, was es werden wollte, sondern auch eure Liebe enthält. Ein Lebensmittel, das dadurch eine innere Qualität für den Organismus entwickelt hat, in dem es dann zum Abschluss und zur Wandlung kommt, das alles in sich assimiliert hat – einschließlich aller Stoffe, die in ihm sind, von den Vitaminen bis hin zu den einzelnen Eiweiß- und Zuckermolekülen.

Ihr werdet eure Lebensmittel von der Erde bis zu eurem Teller auf eine Art und Weise herstellen, die sich mit dem, was ihr heute tut, nicht mehr vergleichen lässt. Es wird feiner und vielfältiger sein als alles, was ihr bisher damit getan habt. Ebenso wird es nicht mehr im Vordergrund stehen, dass ihr euren Körper füllt, sondern dass ihr die Schönheit und Qualität dessen, was ihr zu euch nehmt, würdigt, ehrt und achtet. Es wird ein Geben und Nehmen sein, und mit jedem Moment, in dem die Zunge und der Gaumen einen Geschmack fühlen, wird ein Dank an alle Wesen geht, die daran beteiligt waren – ein ständiges Gebet, wenn ihr esst und dieses Essen auf diese Art zubereitet.

Dies ist eine ganz andere Art von Geben und Nehmen, als ihr es bisher gewohnt wart, in der alle ihr Bestes geben, weil sie wollen, dass ihre Liebe in diesem Kreislauf mit zum Tragen kommt, und ihr alles, was dort ist, auch gut bekömmlich in euch hineingeben könnt, damit alles eurem Körper dient, so, wie ihr mit eurem Körper allem dient, was ist.

In diesem Kreislauf – und es ist nur der Kreislauf der Nahrung über die Pflanzen – sind alle Variationen abgedeckt, die ein Mensch braucht, um seinen Körper in dieser Form zu halten. Das ist es, was hier geschieht. Ihr haltet euren Körper in der Form und gebt ihm genau das, was er zum jeweiligen Zeitpunkt braucht, nicht mehr und nicht weniger. Gleichzeitig wisst und spürt ihr mit jedem Bissen, dass ihr in den Kreislauf des Lebens eingebunden und ein Teil des Ganzen seid. Ihr gebt immer wieder zurück, was ihr bekommt, und habt in euch selbst eine neue Bewusstheit entwickelt, die sich anders anfühlt, als wenn über Essen und Trinken Profite gemacht werden, so, wie es im Moment geschieht. Die Industrien, die sich hier entwickelt haben, gehen zurück, weil die Qualität, die sie entstehen lassen, einfach nicht für die Entwicklung des Menschen der Zukunft ausreicht. Sie war eine Zeit lang vielleicht in Ordnung, braucht jetzt aber einen Neuanfang, und dieser Neuanfang darf in jeder Region der Erde speziell auf diese abgestimmt sein.

Nichts, was heute in euren Großkonzernen noch gedacht und geplant wird, hat etwas damit zu tun, was sich in der Zukunft entwickeln soll. Die Großkonzerne wollen überall eine einheitliche Pflanzenpopulation entstehen lassen, die sie beherrschen und mit denen sie Profit machen können. Aber die Erde und die Menschen, die an den Orten wohnen, an denen sie schon Jahrtausendelang Landwirtschaft betreiben und gärtnern, wissen, was ihr Land braucht und welche Pflanzen sich hier wohl fühlen. Genau diese Pflanzen sind es, die auch der Mensch benötigt, der dort wohnt. Jede Region hat genau die Lebensmittel, die die Menschen, die dort leben, brauchen. In Steppenregionen ist es anders als in gut bewässerten Gegenden wie in Mitteleuropa, und noch ganz anders in den Äquatorialgebieten, wo eine andere Vegetation und ein anderer Rhythmus herrschen als in den gemäßigten Klimazonen.

Ihr seid also in der Entwicklung der Pflanzen und Lebensmittel, die um euch herum wachsen und gedeihen wollen, auch darauf angewiesen, genau zu schauen, was hier für euch wachsen möchte. Seht, dass die Erde vielfältig ist, seht, dass hier viele Möglichkeiten sind, die sich parallel entwickeln können und wollen, und dass sich die vielen Formen in allen Lebensmittelbereichen so verschieden zeigen, wie die Gegenden der Erde verschieden sind. Überall wirken andere Kräfte. In manchen Gegenden sind es mehr die Wasserkräfte, die die fleischigen Wasserpflanzen fördern, in anderen überwiegen die trockeneren Gebiete mit wenig Wasservorkommen, sodass hier eher die Früchte wachsen, die härter sind, die nicht so viel Wasser speichern und trotzdem süß und saftig sein können und die Menschen ernähren, die dort leben.

Regional werdet ihr vollkommen unterschiedliche Formen der Lebensmittel haben und eine Esskultur entwickeln, die sich vielleicht alle dreihundert, vierhundert Kilometer unterscheidet. Dazwischen wird es Gegenden geben, in denen es sich vermischt, und ihr werdet euch besuchen und das eine hier und das andere dort kennenlernen. Aber ihr werdet nicht mehr wie heute alles über einen Kamm scheren, alles egalisieren wollen und die Besonderheiten einer Region missachten. Ihr werdet ehren und schätzen, dass es in manchen Regionen Qualitäten gibt, die woanders nicht so wachsen können, und die Schöpfung, wie sie entstanden ist, so nutzen, dass sie euch und ihr dient, dass ihr in diesen Kreislauf des Gebens und Nehmens eingebunden seid und – je mehr ihr euch mit eurem Geist öffnet – immer besser wisst, was an diesem Ort gut und richtig für euch ist, in der Ernährung sowie in allen anderen Bereichen.

Hier liegt für euren Körper eine der wichtigsten Strukturen der Neuen Zeit. Dieses Bewusstsein zu entwickeln ist eine der gesunderhaltenden Maßnahmen für euren äußeren, materiellen sowie für euren geistigen Körper. Auch euer Emotional- und Mentalkörper bis hin zu eurem Astralkörper sind abhängig vom Austausch der Pflanzen mit euch. Hier liegt ein Schlüssel für eine gute Entwicklung in der Zukunft. Ihr werdet wissen, was euch guttut, wann ihr auch einmal ein Stück Fleisch essen könnt, das die Tiere euch gerne geben. Und irgendwann einmal werdet ihr euch so entwickelt haben, dass Tiere für euch keine Nahrungsquelle mehr sein müssen. Diese Entwicklung hat übrigens bei vielen schon begonnen.

Als Erstes werdet ihr aufhören, diese Massentierhaltung zu betreiben, weil es nicht mehr mit der Entwicklung, die ihr auf geistigem Weg geht, zusammenpasst und dass ihr Wesen, die euch so ähnlich sind, auf solch unmenschliche Art und Weise haltet, bis sie dann zu Tode gebracht werden. Ihr werdet eine Art und Weise des Miteinanders leben, die hier eine Zäsur nötig macht und sich bis auf euren Teller so zeigen wird, dass ein Tier, bevor es sich für euch hingibt, in der Zeit, in der es gelebt hat, auf die Art und Weise leben konnte, die ihm entsprochen und mit der es sich auf dieser Erde wohlgefühlt hat. Das ist der wichtigste Bereich, den ihr im Bezug auf die Tiere, die euch noch als Nahrung dienen, verändern werdet: eine Kehrtwendung in allem, was ihr im Moment auf der Erde mit ihnen macht, zumindest in diesen Regionen, die so hoch industrialisiert sind. Ihr seid zu Barbaren geworden, doch ihr werdet euch verändern.

Dies ist eine Botschaft, die genauso wichtig ist wie die über die Verbindung zu den Pflanzen, weil es auch hier Menschen geben wird, die mit den Tieren einen innigen Kontakt haben werden, ein klares Gefühl dafür, was diese tatsächlich brauchen, damit sie sich wohlfühlen; die eine innere Stimme in sich hören, die mit dem Geist der Tiere kommuniziert, und hier eine Entwicklung voranbringen, die nach und nach zum Standard auf dieser Erde werden wird: dass die Tiere als Partner des Menschen gesehen werden, bis sie dann auch – von der Tierseele gewollt – ihren Körper für euch geben, auf eine Art und Weise, wie es in einer Übergangszeit nötig ist.

Ihr seid ganz und gar in diesen Kreisläufen und mit eurem Körper an diese Tiere gebunden, die euch helfen, den Boden fruchtbarer zu machen und die Erde zu erhalten, sodass auch die Pflanzen gut wachsen können. Ihr seid in einem Kreislauf, der hier noch sehr wichtig ist, und ihr werdet zwischen allen Lebewesen, den Tieren, Pflanzen, Menschen und der Erde neue Möglichkeiten entwickeln, wie sich die Stoffe aus den verschiedenen Reichen gegenseitig fördern. Nach und nach werdet ihr eine immer höhere geistige Präsenz in allem fühlen, was ihr mit der Erde, den Pflanzen und den Tieren tut, und eine völlig neue Qualität entwickeln, die dann tatsächlich allem dient, was lebt.

ICH BIN Sanat Kumara. Meine Liebe ist immer bei euch und allen Wesen, die mit euch sind.

Sananda:
Die Liebesschwingung als Feuertaufe

ICH BIN Sananda.
Ich komme heute auf dem Strahl der Liebe zu euch, der absoluten Liebe zu Allem-was-ist. Dieser Strahl, auf dem ich wandle und der auch zu meinen Lebzeiten als Jesus mein Strahl, mein Metier war, das ich gerne verkörpert habe und mit dem ich in diese Welt hineingegangen bin, will jetzt in jedem von euch erwachen.

Diese Ebene des Seins der absoluten Liebe will in jedem Herzen erwachen. Sie will sich in jedem Herzen so erfüllt finden, wie es bei mir geschehen ist. Jede Seele möchte in ihrer Verkörperung auf der Erde diese Ebene erreichen und mit dieser allumfassenden Liebe zu Allem-was-ist immerwährend auf eine Art und Weise verbunden sein, dass das Wort *Trennung* aus eurem Wortschatz gestrichen wird.

Die umfassende Liebe, die in den heiligen Schriften eurer Kultur in vielerlei Art und Weise beschrieben worden ist und in denen auch viele Wahrheiten mitgeflossen sind, ist nur individuell, in den Körpern und den geistigen Ebenen, die ihr seid, erlebbar. Dann ist es etwas anderes, als wenn sich euer Verstand damit beschäftigt, ihr darüber nachdenkt, philosophiert und theoretische Gebäude darum baut, um es besser verstehen zu können. Es ist die eine Ebene, auf die ihr Jahrtausendelang hingearbeitet habt und die euch auf unterschiedlichste Art von den Menschen beschrieben wurde, die es in sich gefühlt und erlebt haben.

Alle Heiligen, die diese Liebe, diese Einheit mit dem Göttlichen in sich und in allen Wesen erlebt haben, haben ihre eigene, individuelle Erfahrung mit dieser Liebe gemacht, die sich nie wieder auslöschen lässt. Diese Erfahrung bleibt so tief haften, dass sie fortan das Leben des Menschen, der von ihr berührt worden ist, bestimmend prägt, weil es nichts Schöneres, nichts Erhabeneres, kein größeres Glück gibt.

Es ist ein Geschenk der Schöpfung, das von euch immer mehr in euer Sein hineingezogen wird und das ihr immer stärker fühlen könnt, wenn ihr euch darauf einlasst. Manche beschreiben es als ein Gefühl der Einheit mit allen Wesen, andere, dass sie die Sprache der Tiere verstehen lernen. Manche erfahren es über den Klang der Musik und wieder andere, indem sie wie ihr Gegenüber fühlen und aus seiner oder ihrer Sicht alles erkennen, was ist. Bescchrieben ist es oft so, dass die Verbindung zu Gott immer vollständig vorhanden ist. Diese Verbindung, dieser Strang der Liebe, ist in jedem von euch. Er muss nur wieder aktiviert und in Schwingung versetzt werden, denn die Frequenz will sich entfalten.

Es ist die Zeit gekommen, in der alle Menschen diese Ebene in sich mehr und mehr öffnen, und viele werden in dieser Glückseligkeit der Liebesschwingung vollkommen ankommen, mehr als in den Jahrtausenden nach meiner Inkarnation als Mensch. Es wird immer öfter und schneller geschehen – öfter, weil sich die Schwingung der Erde verändert. Die grobe Schwingung der letzten Jahrtausende wird angehoben, und diese Anhebung verändert die Grundlagen des Lebens auf dieser Erde. Eine der Grundlagen war, dass die Schwingung bestimmte Lebenssituationen auf diesem Planeten bevorzugt behandelt hat. Doch hier ändert sich etwas, weil der Planet mit dem Sonnensystem in eine Schwingung kommt, die aus Sicht der galaktischen Bewegungen lange vorbereitet worden ist.

Ein bestimmter Strahl der Liebe, der aus der Zentralsonne herausströmt, richtet seinen Kegel mehr und mehr auf euer Sonnensystem und die Erde. Dadurch bekommt ihr andere Impulse, Informationen und magnetische Ströme, die euch in eurem Sein verändern können, wenn ihr es zulasst, die euren Körper berühren, eure genetischen Anlagen verändern und euch in eurem ganzen Fühlen, Denken und Sein dahin verwandeln, was ihr wirklich seid: göttliche Wesen, die sich entschieden haben, auf diesem Planeten in dieser Dichte zu leben. Ihr nehmt dann immer mehr die höheren Schwingungen wahr, die euch mit der Geistigen Welt verbinden, der Welt der Schöpferkräfte, der Ätherkräfte, der Liebeskräfte, die durch den Äther auf die Erde und in alle irdischen Bereiche wirken.

Zu den irdischen Ebenen gehört auch euer leiblicher

Körper, der ihr seid und mit dem ihr euch so sehr identifiziert, dass ihr glaubt, ihr wärt dieser Körper. Es ist verständlich, dass ihr, dass euer Verstand so denkt, denn er ist ein Teil dieses leiblichen Körpers und auf dieser Erde für diesen Körper geschaffen worden, um mit ihm Erfahrungen zu machen und diese zu speichern, damit das Zusammenleben mit allen Wesen, die hier inkarniert sind, geregelt ist. Euer schöpferischer Geist, das, was ihr wirklich seid, ist für die grobe Arbeit, die auf der Erde in diesen Körpern verrichtet werden muss, nicht geeignet. Er hat eine andere Aufgabe, und zwar, die Impulse aus dem All, aus den schöpferischen Ebenen aufzunehmen und sie im richtigen Moment an eure Körperlichkeit zu senden, damit ihr erfahrt, worum es in der Zukunft geht.

Diese Aufgabe übernimmt er im Moment mit vielen Helfern auf eine Art und Weise, die mehr Menschen als jemals zuvor einen Einblick in die Geheimnisse des Lebens gibt, die immer subtiler wird, sodass auch eure körperlichen Ebenen nach und nach fühlen und verstehen können, dass hier etwas Größeres, etwas schwingungsmäßig Erhabeneres, am Wirken ist, das sich in allen Körpern und irdischen Ebenen ausdrücken will. Vor allem die Seele will sich mehr ausdrücken. Während sich bis jetzt alles so entwickelt hat, dass ihr eure Körperlichkeit verstärkt ausprägen konntet, will sich in den nächsten Jahrtausenden der Geist auf dieser Erde anders zum Ausdruck bringen.

Er will die Liebe mit hineinbringen, wodurch sich das

Paradies auf Erden entwickeln wird, eine Ebene des Miteinanders mit allen Wesen, die es gibt, ob nun für euch im sichtbaren oder unsichtbaren Bereich – ein Zusammenleben, das sich gegenseitig befruchtet und ergänzt. Ihr werdet als Menschen in solch inniger Liebe miteinander verbunden sein, dass alles, was ihr heute Gesetzesüberschreitungen, Regelverletzungen und Verbrechen nennt, nicht mehr vorhanden ist, weil die Liebesschwingung eine gegenseitige Verletzung nicht mehr zulassen wird. Ihr selbst werdet es nicht mehr wollen. Es wird eine Ebene jenseits des sogenannten Bösen sein. Die Polaritäten werden sich in dieser Liebesschwingung aufheben, und es wird nur noch das Gemeinsame geben, und dies nicht aus einer Ideologie heraus, die erzwungen scheint, sondern aus einem intensiven Verständnis für Alles-was-ist. Eine Schwingung, die ihr dann alle verkörpert und in der ihr euch so wohl fühlt, wie noch nie in diesem Leben, weil es bisher nicht möglich war.

Diese Schwingung lässt sich sehr schwer für Menschen beschreiben, die sie noch nicht selbst erlebt haben. Was ihr nahe kommt, ist das Gefühl liebender Partner, das einer Mutter zu ihrem Säugling – Menschen, die einander in ihrer Schwingung so ähnlich sind, dass sie miteinander verschmelzen. Solche Gefühle kommen dieser Schwingung sehr nahe, sind es aber noch nicht ganz. In dem Moment, in dem ihr diese Verschmelzung erreicht, diesen Punkt der Glückseligkeit, diese Ebene des allumfassenden Seins, werdet ihr wissen, dass nichts von allem, was ihr vorher erlebt habt, dem gleich kommt. Ihr wisst dann, warum ihr diesen Weg durch dieses irdische Leben gewählt habt, durch dieses Tal, das euch manchmal schier zum Verzweifeln brachte: um hier in einer Glückseligkeit und Gipfelerfahrung anzukommen, die euch nur staunen lässt, in der ihr die göttliche Ebene in euch erkennt und vollkommen in diesem Gefühl des inneren Angekommenseins schwelgen könnt. Alles ist dann vollkommen richtig. Es gibt nichts Falsches, nichts Schlechtes mehr, sondern nur noch absolute Glückseligkeit.

Das ist die Liebesschwingung, von der ich immer gesprochen habe und aus der die Zukunft dieses Planeten, der Menschheit und aller anderen Wesen besteht, die dann gemeinsam diesen Planeten bevölkern. Sie bringt euch eng mit allem zusammen, auch mit eurem eigenen Sein, eurer eigenen inneren göttlichen Quelle, der Seele, die ihr seid, die aus der Schöpfung herausgekommen ist, um sich immer mehr zu verdichten, damit sie dieses irdische Leben in eurem Körper überhaupt erfahren kann. In dieser Schwingung seid ihr jetzt. Ihr seid tief in die Ur- und Abgründe aller möglichen Verwirrungen und Irrungen abgestiegen, doch an dem tiefsten Punkt dieses absolut schwierigen Erlebens auf der Erde geht es nicht mehr tiefer. Dann beginnt der Aufstieg.

Ihr seid jetzt mittendrin. Was ich vor zweitausend Jahren gesagt habe, war eine Zukunftsvision. Vieles, was heute noch geschrieben steht, ist richtig, manches vollkommen übertrieben und an den Haaren herbeigezogen, so, wie Menschen Geschichten und Ereignisse eben verändern. Es ist weder gut noch schlecht. Es ist einfach, wie es ist. Jetzt werdet ihr das erleben, was als *die Taufe mit dem Feuer* vorhergesagt wurde. Die Taufe mit dem Wasser war das eine, doch die Taufe durch das Feuer werdet ihr ganz individuell, in eurem eigenen Sein, in der Verbindung mit dem göttlichen Kern, in euch erfahren. Ihr werdet dazu keine Priester oder andere Menschen brauchen, die es euch von Gott her geben werden. Es ist schon in euch. Alles ist schon in euch.

In dem Moment, in dem es geweckt wird, wird es sich wie ein Brennen in eurem Körper anfühlen, wie ein Feuer, das alle eure Zellen erfüllt. Eine Flamme, die euch schier verzehrt und euch in eine Ekstase bringt, die ihr noch nie erlebt habt. Das ist der Beginn eurer vollkommenen Anbindung an die göttliche Kraft. Manches wird in Schüben kommen, einiges von jetzt auf gleich. Das ist bei jedem unterschiedlich. Jeder hat seinen eigenen Weg und will seine Erfahrung auch mit der Erweckung dieser Kraft machen.

Diese Kraft, die euer Leben wie eine Feuertaufe komplett verändern wird, ist tief in euch. Sie wird wachsen und euch vollkommen erfüllen. Danach werdet ihr ein vollkommen anderes Bewusstsein haben, als es jetzt der Fall ist, Wahrheiten für euch anders interpretieren und ein Wissen in euch spüren, das jeden Zweifel beiseite schiebt beziehungsweise gar nicht erst aufkommen lässt. In eurem eigenen Sein und Fühlen werdet ihr solch eine Sicherheit haben, dass ihr niemals mehr Zweifel habt. Nichts wird euch mehr aus der Bahn werfen oder verwirren können. Es werden keine Ängste oder andere Begrenzungen mehr vorhanden sein, die euch in irgendeiner Form nicht in eurer Kraft lassen. Ihr werdet niemals mehr mutlos sein, sondern immer in eurer vollen Kraft strahlen.

Ihr selbst könnt nicht viel dafür tun, außer es euch intensiv zu wünschen und mit eurem Herzen und eurem ganzen Sein immer diese Liebe in euch hervorzurufen, in euch zu erwecken und zu fühlen, wenn ihr in den Spiegel schaut oder eure Nachbarn, eure Kinder, eure Partner, eure Haustiere oder die Bäume im Wald anseht. Immer wenn ihr ein anderes Wesen seht, kann euch aus diesem genau diese Liebe entgegenkommen, die ich meine. Alle, die ihr hier lebt, seid Spiegel für die anderen Wesen, die sich widerspiegeln können. Ihr seid vollkommen, wenn ihr diese Ebene des Bewusstseins erreicht habt, und werdet in jedem Teil des Lebens immer das Göttliche erkennen – es lieben, schätzen und ehren.

Damit wird sich auch euer Zusammenleben vollkommen verändern, weil ihr Zerstörung, Hass und alles, was verletzt und euch oder andere klein hält, nicht mehr kennt, es nicht mehr wollt. Hier liegt eine große Entwicklungsmöglichkeit, die sich in den nächsten Jahrzehnten immer weiter entwickeln wird, weil ihr jetzt an diesem Höhepunkt der kosmischen Strahlung ankommt, die diese Entwicklungen in eurer Welt unterstützt und euch alles an Input und Einfluss gibt, was ihr braucht, damit die Veränderungen in euch stattfinden können. Euer Körper wird anders, ihr werdet feiner, klarer und durchscheinender und doch fest in eurem Sein, jedoch nicht mehr fest in eurer Körperlichkeit. Hier wird sich vieles verändern.

Es ist eine spannende Zeit, auf die ihr zugeht. Mit der Liebe, die in euch wächst und gedeiht, wird es eine leichte Gangart geben, damit fertig zu werden, dass sich euer Körper, eure Einstellungen so verändern und sich alles, was in euch ist, in seiner Schwingung erhöht und dann eine ganz neue Welt kreiert, in der ihr die Welt als Mitschöpfer aus der Liebeskraft heraus in allem mitgestaltet, was ist, in einer Art, die die Wesen, die mit euch sind, ehrt und liebt. Ihr werdet paradiesisch und auf eine liebevolle Art und Weise in diesem Paradies auf dieser Erde leben, und zwar in Körpern, wenn ihr es wollt.

Meine Liebe ist immer mit euch. Meine Liebe und meine Achtung für euch, die ihr diesen Weg gegangen seid, wie ich ihn auch gegangen bin, sind unermesslich groß. Ich weiß um alle Schwierigkeiten, um alle Winkelzüge dieser Erde und die Möglichkeiten, die hier sind. Ich weiß darum, dass es in den Tälern manchmal sehr schwer ist, wenn man wieder auf die Höhen kommen möchte. Und ich weiß, dass es trotzdem immer möglich ist und die Liebe, die schöpferische Liebeskraft, die in eurer Seele wacht, niemals endet. Es ist der Teil Gottes in euch, der euch immer beschützt, euch immer weiterhilft, bis ihr diesen Zustand erreicht habt, den ich eben beschrieben habe.

In tiefer Liebe zu jedem einzelnen Wesen bin ich Sananda.

Sananda:
Zukunftsausblick – Ausflug in eine vollkommene Welt

Ich BIN Sananda.
Die Liebesenergie meines Strahls ist immer und überall. Lass dich von mir führen und berühren auf dem Weg in eine liebevolle Zukunft.

Atme tief ein und aus und spüre, wie der Fluss des Atems dich belebt, innerlich stärkt, aufrichtet und dir Lebenskraft schenkt, von Atemzug zu Atemzug. Fühle, dass dieser Atem, der dich in jeder Minute so oft durchströmt, dir das Leben in dieser Körperlichkeit ermöglicht. Fühle die Liebe und die Achtung und die Ehrfurcht des Lebens, die hinter jedem Atemzug steht. Nicht umsonst bist du mit dem Atem des Lebens über das Herz verbunden. Es ist ein Bereich, der sich immer mehr öffnen will.

Du spürst jetzt mit jedem Atemzug, dass sich deine Herzebene mehr und mehr öffnet, dass hier ein Bereich wachsen und sich öffnen will, der schon lange darauf wartet, mehr von dir beachtet zu werden, mehr in dein Bewusstsein zu gelangen, dass diese Herzebene der Schlüssel für das weitere Leben ist, das Leben auf der Ebene von Herz zu Herz, diese Ebene, die eine neue Welt wird, die ihr selbst mit der Kraft eures Herzens kreiert. Ihr seid die Schöpfer dieser neuen Erde, dieses neuen, wunderbaren Parks Erde, eine Ebene des Seins, die in alten Schriften der „Garten Eden" genannt wurde. Ich will dich jetzt in die Ebene mitnehmen, die sich hier entwickeln kann, mit Vorstellungen, die du jetzt mit dem Verstand ein wenig begleiten kannst, indem du siehst, fühlst und spürst, wohin es gehen könnte, wohin du deine Aufmerksamkeit richten kannst.

Stell dir eine Landschaft vor, in der Häuser und Hütten so stehen, dass sie der Natur angepasst sind. In manchen Gegenden gibt es kleine Erdhügel mit Türen und Fenstern, in anderen Ebenen wunderbare Baumhäuser mit einem Ausblick über das ganze Land. In den Bergen und Felsen gibt es Höhlen, die den ganzen Tag von der Sonne beschienen werden, darunter fließt ein Fluss, der dem Ganzen Leben schenkt. Stell dir die vielen Möglichkeiten vor, wie die Natur, so, wie sie ist, Obdach für die Menschen geben kann, die hier leben. Es gibt unendlich viele Möglichkeiten, in, auf, über und unter der Erde, im Wasser und wo immer du es dir vorstellen kannst, Orte zu schaffen, an denen du mit der Natur so eng zusammenlebst, dass du dich direkt aus ihr heraus ernähren kannst. Die Früchte, die du zum Frühstück essen willst, wachsen direkt vor deinem Fenster, Dinge, die du für dein Leben brauchst, kannst du beim Nachbarn gegen solche tauschen, die du mitbringst und anbietest.

Die Menschen leben so, dass alles dicht beieinander ist, und doch weit genug entfernt, dass jeder für sich Platz und Raum hat. Es gibt Bereiche, in denen die Menschen, *die sich intensiv austauschen möchten, wie in einer Blase zusammenleben. Dann wiederum gibt es Ebenen, in denen nur alle sieben oder acht Kilometer versteckt eine kleine Hütte, ein Erdhügel oder ein Baumhaus stehen, in denen Menschen leben, die sich von der Masse fernhalten möchten. Jeder kann sein Leben so führen, wie er oder sie es im Inneren spürt. Und jeder gibt das in die Gemeinschaft, was er oder sie hineingeben kann und will, aus einer Freiwilligkeit heraus, die der inneren Eingebung folgt.*

Spüre, dass in dieser Gegend, in der du dich gerade aufhältst, die Tiere und Pflanzen so miteinander verwoben sind, dass Nahrung und Schutz für alle Bereiche vorhanden sind, in der sich die Elemente darum bemühen, es nur dann regnen zu lassen, wenn sich niemand draußen aufhält. Es gibt Absprachen, dass der Wind und die Kälte außen vor bleiben und ihr euch auf diesem Planeten so einrichtet, wie es für euch angenehm ist. Auch wenn es einmal kalt ist, könnt ihr eure innere Wärme so steuern, dass sie dem Äußeren keine Resonanz mehr bietet, sondern ihr euch wohlfühlt. Euer Körper ist mit neuen Regelsystemen ausgestattet, sodass ihr im Einklang mit allem seid, was um euch ist.

Hier ist eine Welt, die wie der Garten Eden wirklich vollkommen ist, ein Paradies, in dem sich nicht nur die Menschen, sondern auch die Tiere und Pflanzen so verhalten, wie es ihrer göttlichen Kraft, ihrem göttlichen Auftrag, den sie gerne angenommen haben, entspricht. Spüre, wie hier das Zusammenleben in einer Gesellschaftsform entsteht, die auf der Ebene des Herzens die Verbindung sucht mit Allem-was-ist. Diese Verbindung über das Herz wird sich immer mehr entfalten, bis ihr in diesem Zustand angekommen seid, den ich jetzt so unvollkommen beschreibe, sodass ihr euch, wenn Entscheidungen für die Gemeinschaft zu treffen sind, in großen Versammlungshallen oder auf großen Plätzen unter der Sonne trefft und hier gemeinsame Entscheidungen fällt, die eine allgemeine Resonanz in euch auslösen und von denen ihr alle überzeugt seid, sodass es keine Gegensätze mehr gibt.

Alles geschieht so, dass ihr in Resonanz seid und aus dem Herzen heraus alles tut und entscheidet, was für alle richtig und gut ist. Eure inneren Prozesse sind von der Liebe zu allen Wesen gesteuert. Die Fröhlichkeit und das Glück in dieser Gesellschaft sind nicht gespielt, sondern aus dem vollen Leben heraus entstanden, aus einem Glück, einer Liebe, einem inneren Werden, das seinesgleichen sucht. Wenn ihr einmal unpässlich seid und nicht mehr damit konform geht, was die Gemeinschaft euch gerade anbietet, habt ihr immer die Möglichkeit, zu weisen und heiligen Menschen zu gehen, die euch dabei helfen, wieder zur Gemeinschaft zurückzufinden, zu eurem eigenen Herzen, zu dem, was euch guttut. Ihr habt die Möglichkeit, euch immer auszuprobieren, alles für euch Geschaffene selbst zu erfahren. Nichts ist vorgegeben, alles darf ausprobiert werden. Und wenn es zu Schwierigkeiten kommt, gibt es die Weisen und Heiligen eurer Zeit, die an den verschiedensten Orten, die wie Tempel aufgebaut sind, ihren Dienst tun, um die Ungleichgewichte, die vielleicht entstanden sind, wieder zu heilen. Unpässlichkeiten werden immer sofort angegangen – es gibt nichts Wichtigeres, als wieder in den Einklang zurückzufinden.

Und es gibt nichts Schöneres für euch, als der Austausch mit den Menschen, die ihr liebt und die um euch herum leben. Es wird nur so viel Arbeit geben, wie sie jeder von euch gerne und liebevoll tut, und so viel Nahrung und Möglichkeiten des Essens und der Freude, wie ihr es wollt. Einige Menschen widmen sich nur den Künsten, der Musik, dem Tanz, der Malerei, der Bildhauerei oder kommunizieren so mit Pflanzen, dass sie in einer bestimmten Art und Weise wachsen, um selbst ein Kunstwerk zu werden. Andere wiederum bearbeiten gerne den Boden und bestellen zusammen mit den Tieren eine Erde, die euch die schönsten Früchte und Obstsorten schenkt.

Wieder andere kümmern sich um die Belange der Gemeinschaft, in einer Art und Weise, dass liebevoll alle Aspekte der verschiedenen Gruppen ihren Widerhall finden und niemand ausgegrenzt ist. Es wird weiterhin einige unter euch geben, die diese Stufen erreichen werden, um den Kontakt mit den Wesen von anderen Planeten zu halten und hier Einladungen auszusprechen, damit sie sehen können, was auf der Erde entstanden ist. Ihr werdet vielfältige Besucher aus dem All haben. Manche werden euch sehr nahe sein, bei anderen braucht ihr erst eine gewisse

Zeit, bis ihr sie tatsächlich auch in eurer eigenen Vorstellungswelt als göttliche Wesen anerkennt.

Hier gibt es über die nächsten Jahrhunderte viele Entwicklungsmöglichkeiten. Ihr werdet eine Vielzahl von Möglichkeiten schaffen, in denen sich die Erde in einem sogenannten Goldenen Zeitalter auf eine Art und Weise entwickelt, die vorbildlich für alles Leben ist, was leben will. Ihr seid diejenigen, die jetzt an der Schwelle dieser Neuen Zeit stehen und schon mal einen Blick hinüberwerfen, um dann die ersten Schöpfungen zu vollbringen, die ersten Gegenstände zu erschaffen, die Teil dieser Neuen Zeit werden. Nach und nach wird die Liebe die Grundlage all euren Handelns sein. Und während ihr diese neue Welt mit erschafft, diesen Garten Eden, dieses Goldene Zeitalter, oder wie immer ihr es in der Zukunft nennen werdet, werdet ihr euch immer mehr dem Wesen annähern, das ihr wirklich seid. Ihr werdet immer mehr zu dieser Schöpferkraft im menschlichen Körper werden, die auf der Engelebene schon so viel geleistet hat und sich hier auf dieser Erde, in diesen Ebenen, vollkommen entfalten will. Jeder wird seinen Bereich finden. Niemand wird ausgestoßen sein, alle werden dazugehören, jeder mit seinen Anteilen, und alle aus der Liebe ihres eigenen Herzens heraus.

Dieses Sein hat dann nicht mehr viel mit dem Leben zu tun, das ihr jetzt noch führen müsst und das euch manchmal überflüssig erscheint. Es ist ein Leben, das sich auf eine Art und Weise vervollständigt, die weit über *euer Vorstellungsvermögen hinausgeht. Alles, was ich eben angedeutet habe, sind nur vage Vorstellungen der vielfältigen Möglichkeiten, die entstehen können. Ihr seid an der Schwelle eines wirklich wunderbaren Zeitalters der Liebe zu allen Wesen, die sind. Zusammen werdet ihr diese wunderbare Ebene der Erde zu einem Paradies für Generationen und viele Besucher machen. Ihr werdet sozusagen Fremdenführer für die Wesen, die euch besuchen.*

Lasst euch von dieser Zukunftsvision, die ich euch jetzt gebe, tragen. Lasst euch davon leiten und erzählt allen davon, die hören wollen, wie es sich entwickeln wird. Hier liegt ein großes Potenzial für die Erde und für euch als Menschheit, um mit Teil des Ganzen zu sein und die eigene Schöpferkraft so mit einzubringen, dass etwas Symbiotisches entsteht, eine Verflechtung aller Wesen miteinander, die in Liebe einander zugetan sind und keinerlei Unterschied mehr machen zwischen dem Leben eines Menschen und dem eines Tieres oder einer Pflanze, sondern jeder seinen Teil des Lebens vollkommen leben und in seiner eigenen Glückseligkeit aufwachsen und gedeihen kann.

Das ist eine wunderbare Entwicklung, die ihr jetzt in euren Händen haltet und die sich nach und nach auf dieser Erde entwickelt, auch wenn davor noch einige Veränderung anstehen, die für viele Menschen kaum zu ertragen sind. Ihr seid auf diesem Weg, und ihr fühlt es in eurem Herzen, dass es der richtige ist. Ihr fühlt diese umfassende Liebe, die da ist, und vielleicht fühlt ihr auch ein wenig Angst, ihr könntet es nicht schaffen oder es würde zuviel. Aber eure Seele lässt euch immer die richtigen Schritte gehen. Und über dem Ganzen stehen die Lenker und Leiter der Planeten und Sternensysteme, die auf ihren Ebenen euch begleiten, wie es in jedem Moment der Schöpfung sinnvoll und richtig und für alle Beteiligten gut ist. Auf den hohen Ebenen ist die Liebeskraft schon so weit entwickelt, dass sie hier nur zum Besten aller Wesen handelt und führt.

Dahin werdet ihr euch entwickeln. Lasst euch von eurem Herzen leiten und euch immer mehr aus dem Gefühl der Liebe heraus in diese Ebenen hineintauchen. Fühlt, welche Kraft und Zuversicht in dieser Liebesenergie steckt, die euch erfüllt und alle anderen Anteile in euch, die sich nicht so entwickeln wollten oder konnten, nach und nach verwandelt.

Diese Liebe wird euch heilen, verändern und auf eine Art und Weise neu entstehen lassen, wie ihr es heute noch nicht erfassen könnt. Seid zuversichtlich und verliert nie den Mut. Bleibt stets in eurer Kraft und seid gewiss, dass ihr immer von den Wesen der Geistigen Welt begleitet seid, von den Engeln und Aufgestiegenen Meistern, den Erzengeln und den Lenkern der Planeten und vielen Wesen, die um euch herum sind und es gut mit euch meinen. Ihr seid jetzt schon fast in diesem Paradies ange-

kommen. Manchmal erkennt ihr es noch nicht, doch ihr seid auf einem guten Weg, es zu erreichen.

ICH BIN Sananda.

Sanat Kumara:
Die Lebensräume der Erde neu gestalten

ICH BIN Sanat Kumara.

Ich bin mit der Liebe des Universums hier, die jeden einzelnen Punkt, jeden einzelnen Flecken, jede einzelne Region dieses Planeten durchdringt. Diese Liebe, diese Freude, dieses schöpferische Sein durchdringt diesen Planeten von Anfang an und lässt ihn in seiner Vielfalt, seiner Großartigkeit, seiner Schönheit und in seiner ganzen Pracht ein Juwel unter allen Planeten sein. Ein Juwel, weil er eine solche Vielfalt hervorbringen kann und dieses Leben in der Dreidimensionalität so interessant gestaltet hat, dass ein Sein in dieser Vielfalt und Schönheit mit all seinen Möglichkeiten machbar war und ist.

Glaubt nicht, nur, weil einige Arten gehen und Pflanzen vom Aussterben bedroht sind, alles geht und beendet wird und ein Artensterben auf eurem Planeten stattfindet. Es ist der Übergang in eine neue Zeit, bei dem sich alte Lebensformen verabschieden, die für die Zukunft nicht mehr benötigt werden und sich in der Gesamtschöpfung nicht mehr engagieren wollen, da sie ihren Teil zu der Welt, wie sie heute ist, beigetragen haben. In der nächsten Zeitqualität wird es andere Entwicklungen geben, und es werden neue Lebewesen da sein und auch längst tot geglaubte Lebewesen wieder auferstehen, wie der Phönix aus der Asche.

Ihr werdet eine neue Welt kreieren, mit euren eigenen Schöpfungskräften, eigenen Ideen und den Grundvoraussetzungen, die die Erde euch dafür bietet. Ihr werdet nicht nur danach schauen, wie ihr in der Region, in der ihr lebt, am sinnvollsten mit der Erde umgeht und aus ihr und mit ihr euer Leben gestaltet, sondern es mit dem gesamten Planeten tun. Ihr werdet euch die Regionen aussuchen, die wasserreich und fruchtbar sind und sie zu einem Garten für die ganze Erde machen. Gleichzeitig werdet ihr die Regionen, die heute Wüste und leer sind, zu großartigen Städten umfunktionieren, zu Orten mit Gebäuden, in denen ihr wunderbar leben könnt, weil durch die Sonne die Energiebedingungen gegeben sind, die ihr dafür braucht. Ihr habt in der Übergangszeit wunderbare Orte geschaffen, so, wie es schon die alten Ägypter taten: Sie nutzten die fruchtbaren Landschaften, um die Lebensmittel zu produzieren, die sie brauchten, und die unfruchtbaren Gegenden, um ihre Tempel zu bauen, die für ihre spirituelle Arbeit wichtig waren.

Ihr könnt es in Zukunft genauso tun – Landschaften nutzen, die euch alles bringen, was ihr als Menschen für euren Körper an Nahrung braucht und dort mit denen leben, die sich bereit erklärt haben, hier ihr Engagement für alle Menschen zu geben. Es werden die fruchtbarsten und schönsten Ebenen der Erde sein, die von euch umgebaut und neu bestellt werden – mit Früchten, Formen und Farben, die ihr heute noch nicht ermessen könnt. Ihr werdet hier mit allen Tieren zusammenleben, die euch dabei helfen, eine Landschaft zu gestalten, einen Lebensraum zu entwickeln, in dem sich alle Wesen gegenseitig befruchten und eine Gemeinschaft bilden, in der eine fruchtbare Zusammenarbeit für alle möglich ist.

Ihr werdet in diesen Gürteln der Erde, die genügend Wasser haben, so viele Möglichkeiten haben, Nahrungsmittel herzustellen, dass ihr diese überallhin verteilen könnt, wo sie gebraucht werden. Auf diesem Planeten wird es keine Orte des Hungers mehr geben, weil ihr ein Verteilsystem aufbauen werdet, das sich bis in den entlegensten Winkel der Welt hin erstreckt. Ihr werdet sehen, dass die Lebensmittel, die ihr in diesen Grundlebensmittelbereichen vor Ort erzeugt, haltbar und gut sind. Wenn ihr so arbeitet, dass ihr auf diesen Landstrichen durch eure Verbindung mit den Pflanzen und eure Liebe zu allem, was ihr tut, eins mit der Erde werdet, erzeugt ihr eine Qualität, die nicht so schnell verdirbt, sondern so lange haltbar ist, bis sie den Menschen gefunden hat, mit dem sie sich verbinden, in den sie eintauchen will, der diese Energien jetzt für sich braucht.

Ihr werdet also sehr fruchtbare Landstriche haben und sie mit neuen Methoden, die jetzt schon zum Teil in der Forschung sind und noch weiterentwickelt werden, fruchtbar halten, sodass sich die Lebensformen der Pflanzen, Tiere und Menschen ergänzen und mit einem inneren Gefühl von Zusammengehörigkeit entwickeln und für alle eine Wohltat sind, die mit ihnen arbeiten. Dies werden die Menschen tun, die sich schon immer zu den Naturreichen hingezogen fühlten, und zu den Tieren, die mit ihnen leben. Hier entsteht eine innere Herzensverbindung zu allem, was sich entwickelt, was neu entstehen will. Wohin diese Herzensverbindung den Einzelnen zieht, dort wird er seine Aufgabe übernehmen.

Ihr werdet Dinge voneinander lernen, die ihr heute noch nicht voraussehen könnt, und eine Tiefe zu allen Pflanzen empfinden – euch wird sozusagen eine Verbundenheit und ein inneres Wissen eröffnet, sodass ihr alle Bedingungen dafür schaffen könnt, dass es leicht und gut geht. Ihr seid nicht nur auf der geistigen Ebene tätig, sondern helft auch im Materiellen, indem ihr die Erde behandelt, sie pflügt, eggt oder streichelt, an sie denkt oder die richtigen Fruchtfolgen aneinanderreiht, damit sie sich immer wieder neu regenerieren und in ihrem Gehalt erneuern kann, den sie an die Pflanzen abgeben will.

Dies geschieht, wenn ihr die ersten Forschungen in dieser Richtung vorangetrieben habt, fast wie von selbst, weil alle Menschen, die sich damit beschäftigen, im Inneren diese Inspiration bekommen und wissen, was gebraucht wird, wie es umzusetzen ist und wie mit den Pflanzen und Tieren, die dann in dieser Gesellschaft leben, eine Kommunikation möglich ist. Ihr werdet immer mehr darüber wissen und es anwenden, indem ihr euch mit allem verbindet, was um euch ist. Dann seid ihr ein Teil dieses Lebens und nicht mehr – so wie jetzt – ein Herrscher, der gibt und nimmt, manche Bereiche vernachlässigt, andere bevorzugt und so ein Ungleichgewicht schafft. Ihr werdet sie erreichen, diese Entwicklung des Miteinanders, und gleichzeitig genug Nahrungsmittel für alle Menschen haben, indem ihr in ein Gleichgewicht mit der Erde kommt, von dem alle profitieren.

Das ist der eine Bereich auf der Erde, der eine große Rolle spielen wird, damit für alle Menschen gesunde und gehaltvolle Lebensmittel vorhanden sind. In anderen Bereichen, die nicht für Nahrungsmittel genutzt werden und wo auch Tiere wenig Raum brauchen, um sich zu entfalten und zu entwickeln, in denen Wüsten und Sonnengürtel auf der Erde entstanden sind, werdet ihr eine neue Zivilisation aufbauen – neue Städte und Gemeinden, die alles bisher Dagewesene in ihrer Schönheit und Größe übertreffen werden. Ihr werdet also auf der einen Seite diese eher naturbezogenen Bereiche haben, die euch mit Nahrungsmitteln versorgen, und auf der anderen Seite hochtechnisierte, filigrane Städte und Orte, an denen die Menschen leben, die sich mit Wissenschaft, Forschung und der Entwicklung der Sternenwelten beschäftigen wollen.

Fabriken, in denen ihr eure neuen Produkte, Raumschiffe und Verkehrsmittel für diese Erde herstellt, werdet ihr nicht mehr mitten in der Natur aufbauen, sondern dort, wo der Platz dafür ist und zur Zeit nicht anders genutzt wird. Ihr habt also unendlichen Platz auf dieser Erde, um alles dort zu gestalten, wo es die anderen Wesen, die mit euch die Erde bewohnen, nicht stört – Platz genug für alle.

Euren sogenannten Fortschritt werdet ihr verändern, indem ihr *mit* der Erde lebt und nicht mehr gegen sie. Ihr werdet *mit* dem Planeten eure Wünsche und Forschungen ausarbeiten und entwickeln und nicht mehr gegen ihn, und es wird auch Gegenden auf der Erde geben, in denen Platz für Experimente ist.

Natürlich werdet ihr eure Raumfahrt revolutionieren. Ihr werdet nicht mehr mit diesen Antriebssystemen arbeiten, die so viel Müll produzieren und euren Luftraum verschmutzen oder verstrahlen. Nach und nach werdet ihr Antriebe und Möglichkeiten entwickeln, die in euren Science Fiction Büchern schon wunderbar beschrieben sind und nur noch darauf warten, in die Realität umgesetzt zu werden. Gebiete, die jetzt noch unbesiedelt sind und kaum Lebensformen haben, werdet ihr nutzen können, um hier Landebahnen für die Besucher aus dem All und für eure eigenen Raumschiffe entstehen zu lassen. Ihr werdet also „Raumhäfen" auf der Erde haben: um die Erde verteilt vielleicht drei oder vier größere und noch einige kleinere, die dann so gebaut sind, dass sie die Natur nicht stören.

Für alles Leben werdet ihr ein Herzgefühl entwickeln und in der Verbindung mit allem Leben, das auf der Erde ist, eure Entscheidungen so treffen, dass das Leben auf dem Planeten Vorrang vor allen anderen Entwicklungen hat. Wenn ihr es richtig bedenkt und entdeckt, dass dieser Planet genug Platz und Nahrung für alle hat, werdet ihr sehen, dass ihr hier noch einmal ganz leicht die doppelte

Menge an Menschen am Leben erhalten könnt – in einer viel besseren Qualität, als es jetzt der Fall ist. Ihr werdet also noch weiter als Rasse, als Menschheit wachsen und trotzdem nicht an der Überbevölkerung, wie ihr es glaubt, zugrunde gehen. Es wird genug für alle da sein.

Die Logistik dafür ist bei euch schon vorhanden, nur der Wille zur Umsetzung fehlt noch. Doch dafür müsst ihr euer Bewusstsein so verändert haben, dass es euch nicht mehr um den persönlichen Gewinn und die Vorteile geht, sondern darum, den Menschen der gesamten Erde all das zu geben, was sie brauchen. Es kommt euch in Zukunft nicht mehr darauf an, für euch selbst Vorteile einzusammeln, um es besser zu haben als die anderen, sondern alles so zu verteilen, dass jeder Zufriedenheit im Herzen fühlt und weitergeben kann.

Es kommt euch im Moment noch nicht so vor, weil euer Spiel, das ihr bis jetzt gespielt habt, immer die Grundidee hatte: „Ich werde verhungern, wenn ich nicht um mein Essen kämpfe." Doch ihr werdet lernen dürfen, dass ihr nicht zu kämpfen braucht, sondern euch alles gegeben wird, weil jeder abgibt und die Speicher, die gefüllt werden, immer wieder an alle verteilt werden.Weil ihr in einer so wunderbaren Harmonie mit allen Wesen zusammenarbeitet; mit den Pflanzen- und Tierwesen, den Wesen, die in den Elementen und in der Astralwelt leben, sowie mit den Völkern, die ihr im Moment noch nicht sehen könnt, kommt die Fülle ganz von alleine auf euch zu. Ihr werdet also auf dieser Erde eine ganz andere Beziehung zu jedem Stein haben, zu jeder Pflanze, zu jedem Tier und natürlich auch zu jedem Menschen.

Die Zukunft wird wunderbar sein. Gleichzeitig wird sie euch in eurem spirituellen Bewusstseins so anheben, dass ihr die Verbindungen zu anderen Welten leicht herstellen könnt, weil ihr euch ihnen mit eurem Bewusstsein annähert und dadurch eine Kommunikation leichter wird. Ihr werdet Kontakte mit Bereichen der Sternenwelten haben, die euch heute noch unendlich weit entfernt vorkommen, euch in Zukunft jedoch ganz nahe sind, weil ihr mit neuen Verbindungsmöglichkeiten – sogenannten Raumspringern – eine andere Welt erreicht, ohne dass Zeit eine Rolle spielt. Es werden also völlig neue Möglichkeiten des Transports eures Körpers oder eurer feinstofflichen Körper entwickelt, die euch Dimensionen eröffnen, die ihr euch heute mit eurem Verstand noch nicht vorstellen könnt.

Gleichzeitig wird für jeden das vorhanden sein, was er für seinen Frieden, sein Glück und seine Möglichkeiten zu forschen und zu lernen braucht. Ihr werdet eine florierende Forschung entwickeln, die über die geistigen und wissenschaftlichen Ebenen, die ihr heute kennt, weit hinaus geht.

Ihr werdet Stoffe, Farben und Formen erfinden und herstellen, die euch heute noch nicht in den Sinn kommen würden, und eine Schönheit und Ästhetik in euren Bauten und Gebäuden mit so viel durchscheinender Transparenz entwickeln, dass ihr die Wohnungen, wie ihr sie heute kennt, mit Freuden dagegen tauschen werdet. Eure Wohnungen und die Helligkeit der Räume werdet ihr mit eurer Gedankenkraft verändern, wenn ihr es wollt. Das heißt, ihr werdet helle und freundliche Räume haben, wenn ihr es braucht, und heimelige, schummrige, wenn ihr euch mehr danach sehnt. Wenn ihr es möchtet, könnt ihr euch den Duft von Lavendel, Rosmarin oder anderen wunderbaren Stoffen, die euch angenehm erscheinen, zu euch hereinholen.

Es wird Orte geben, an denen ihr ruht oder spielt, oder eurer Freude Ausdruck verleiht, solche, an denen einige von euch wunderschöne Musik machen oder an denen ihr wie die Kinder spielt, wie ihr es euch als Erwachsene heute nicht mehr vorstellen könnt. Durch alles, was ihr neu schafft, werdet ihr Freude und Leichtigkeit in euer Leben bringen und die Möglichkeit, alles zu verwirklichen, was jeder von euch in sich spürt.

Dazu gehört es auch, dass sich nur die Menschen als Vertreter eurer Gesellschaft zeigen wollen, die tatsächlich vom Herzen her rein dafür sind. Ihr werdet – jeder und jede von euch – nur das tun, von dem ihr aus eurem eigenen Herzen heraus fühlt, dass es richtig ist, und manche von euch werden eben das tun, was heute eure manchmal so verachteten Politiker tun. Sie werden euch vertreten bei den Kontakten mit allen anderen Lebensformen und auch gegenüber Sternenvölkern und anderen Völkern auf der Erde.

Alles wird eins sein – und diese Einheit ist es, die euch in einer Art und Weise verbinden wird, wie sie es selbst in Atlantis und Lemurien nicht war. Es wird eine neue Qualität sein, weil ihr aus euren alten Erfahrungen heraus in die Neue Zeit geht, und nicht aus den Sternenhimmeln und -völkern heraus in die Erdenschwere. Es ist sozusagen der umgekehrte Weg, auch wenn sich noch der eine oder andere Fallstrick und das ein oder andere Stolpersteinchen vor euren Füßen zeigt. Aber ihr werdet diesen Weg gehen, mit der Erde und allen, die auf ihr leben – in eine Zeit und eine blühende Gesellschaft, in der alle Ebenen des Seins in der Einheit sind, wie es schon in einigen Sternenwelten der Fall ist. Ihr werdet euch von Stufe zu Stufe entwickeln,– und ihr werdet es mit dem Herzen tun.

Ich bin immer bei euch und halte die Energien, die ihr benötigt, damit ihr diese Visionen der Zukunft entwickeln könnt, und bin mit meiner Liebe und meinem ganzen Herzen bei euch und freue mich auf das, was ihr erschaffen werdet.

ICH BIN Sanat Kumara.

Serapis Bey:
Die letzte Schwelle vor dem Aufstieg

ICH BIN Serapis Bey.

Ich grüße euch in eurem reinen Herzen und wünsche euch die Klarheit und Kraft eines wundervollen Wintertags, voller Kristalle, millionen- und milliardenfach durchstrahlt, hell, weiß und klar wie die Kraft und die Energie, die ich euch sende.

Es ist die Kraft der Reinheit, der absoluten Klarheit und Sicherheit, die Kraft, die als Letztes steht, um eine Veränderung tatsächlich zu erleben. Das letzte Quäntchen, das – wenn alles getan ist – noch fehlt, ist die innere Reinheit in euch selbst, die Klarheit in allen euren Belangen und die Überzeugung, dass ihr auf dem richtigen Weg seid, indem ihr diese Klarheit lebt und nach außen tragt. Das ist die letzte Schwelle, die jeder von euch überschreitet, bevor es in den Aufstieg geht.

Mir obliegt es, gemeinsam mit den geistigen Wesen, die auf meinem Strahl mitarbeiten, Hüter und Wächter für euch und alles zu sein, was danach kommt. Denn es nützt wenig, einen Schritt voranzugehen, ohne zu wissen, was danach kommt, ohne alles abgeschlossen zu haben, was davor war, ohne das bisher Gelernte in Klarheit verinnerlicht zu haben. Es nützt nichts, wenn ihr einen Schritt weitergeht und über das, was gewesen ist, noch verschwommen denkt, fühlt und womöglich sogar danach handelt. Darum sind Klarheit und absolute innere Reinheit ein so wichtiges Kriterium, um in die nächste Dimension zu können.

Für viele von euch hört sich das erst einmal so an, als ob hier eine Riesenschranke wäre, die euch von allem trennt, was ihr euch für die Zukunft erhofft, eine Grenze, die kaum jemand durchschreiten kann. Aber ich sage euch: Schon zu schlechteren Zeiten haben Menschen es geschafft, diese Schwelle zu überschreiten, mit dieser inneren Klarheit weiterzugehen und in die nächsten Lebensdimensionen zu steigen. Und jetzt ist die Zeit gegeben, dass Klarheit auf vielen Ebenen, in allen Bereichen und Gesellschaftsformen dieser Welt herrschen soll, und durch diese Klarheit und die innere Reinheit, die dadurch entsteht, weltweit ein neues Aufstiegspotenzial geboren wird.

Das bedeutet im Einzelnen, dass nicht nur in den Gesellschaften Eindeutigkeit, Klarheit und Transparenz geschaffen werden und auf den Ebenen der verschiedenen Institutionen mehr Durchlässigkeit, Licht und Klarheit einfließen müssen. Es bedeutet in erster Linie, dass jedes Wesen, das diesen Erdball bevölkert und bei diesem Aufstieg mitmachen will, sich selbst in all seinen Licht- und Schattenanteilen erkennt, in allen seinen Anteilen, die es von der Klarheit trennen, indem es noch verschwommen denkt und fühlt oder sogenannte Vorurteile gegenüber andere Menschen oder andere Ebenen – auch Institutionen – hat.

Alles, was ihr jemals in allen Inkarnationen eures Lebens erlebt habt, kommt in dieser Zeit auf den Prüfstand, um so durchleuchtet zu werden, dass ihr erkennt, was es für euch bedeutet. Was bedeutet es für mich, wenn ich auf jemand anderen neidisch bin? Was bedeutet es für mich, wenn ich das, was ich denke, nicht ausspreche und hier nicht klar bin? Was bedeutet es für mich, wenn ich meine Gefühle unterdrücke, nicht auslebe und nach außen trage? Was bedeutet es für mich, wenn ich um des lieben Friedens willen lieber mal an der Wahrheit vorbeigehe? Was bedeutet es für meine eigene innere Klarheit? Es bedeutet für dich, dass du dich selbst zurückstellst, dich nicht ernst nimmst und dir im geistig-seelischen Bereich Fallen stellst, die dich in eine Haltung hineinmanövrieren, in der du unsicher und nicht klar bist, und dir selbst für den Aufstieg im Weg stehst.

In allen Bereichen, in denen ihr nicht vollkommen geklärt seid, wird es Hemmnisse geben, an denen ihr immer wieder hängenbleibt, bis sie vollständig in die Klärung gegangen sind. Dann werdet ihr die nächsten Dinge in Angriff nehmen, die unklar sind, um auch sie in die Klärung zu bringen und dann wieder weiterzugehen. In allen euren Beziehungen werdet ihr klären, was noch zu klären ist: die Beziehungen zu euren Eltern, zu euren Kindern, euren Nachbarn, euren Arbeitskollegen, euren Vorgesetzten und euren nachgeordneten Mitarbeitern. Ihr werdet euer eigenes Gefühl zu den einzelnen Institutionen klären, mit denen ihr jemals zu tun hattet, angefangen von der Kirche, bis hin zu politischen Parteien. All das werdet ihr auf den Prüfstand bringen. Erst wenn ihr in allen Bereichen auf dieser dreidimensionalen Ebene vollkommen klar seid, könnt ihr in die fünfdimensionale Ebene aufsteigen, sonst werdet ihr euch dort nicht zurechtfinden. Dieses klare Sein im Fühlen, Denken und Handeln entsteht auf der fünften Ebene aus den eigenen Gefühlen, Gedanken und Vorstellungen und setzt sich sofort um.

Stellt euch einmal vor, was passieren würde, wenn ein Mensch, der mitten in seinen Entwicklungsprozessen steckt und bei dem die Emotionen überkochen oder zutiefst getrübt sind, plötzlich in eine Situation kommt, in der alle seine Gedanken sofort Realität werden. Das gäbe eine Achterbahnfahrt ohne Ende, eine Situation in der Geistigen Welt, die sich lieber niemand vorstellen möchte. Darum gibt es diese dreidimensionale Welt, in der alles viel langsamer geht, in der sich alle eure Gefühle und Vorstellungen erst auspendeln und ins Gleichgewicht kommen dürfen.

Dafür ist diese Ebene da, damit ihr hier in diese Kraft der Klarheit, der Eindeutigkeit, schlussendlich in die Kraft der inneren Reinheit kommt, wobei hier – und das sage ich immer wieder – die innere Reinheit nicht zu verwechseln ist mit dem Keuschheitsgebot eurer Religionsstifter und -gemeinschaften und dem eurer Gesetze und anderer Institutionen. Diese „Reinheit", die euch über das Gewissen immer wieder eingeimpft worden ist, meine ich nicht, sondern es ist eure eigene innere Reinheit, euer Klarsein, euer inneres reines Denken. Das heißt: Das, was ihr denkt und fühlt, wird nicht mehr von außen beeinflusst, sondern ist in euch rein und klar. Nichts, was euch von anderen gegeben wird, sondern was in euch entsteht: die Aufrichtigkeit zu euch selbst, die Eindeutigkeit, zu euch selbst zu stehen, zu eurer eigenen Kraft, zu eurer eigenen inneren Überzeugung. Das ist mit der Reinheit in euch selbst gemeint.

Niemand kann euch sagen, wie diese Reinheit in euch aussehen soll – außer ihr selbst. Es gibt keine Institution, die das Recht hat, euch ein schlechtes Gewissen zu machen. Und immer, wenn ihr euch klein und schlecht macht, niederträchtig und unklar fühlt, seid ihr von dieser Reinheit meilenweit entfernt. Aber auch, wenn Arroganz und Überheblichkeit euer Handeln bestimmen.

Es gibt also diese beiden Extreme, zwischen denen ihr euch in der dreidimensionalen Welt bewegt: die Unterwürfigkeit, wenn ihr nicht zu euch selbst steht, und die Überheblichkeit und Arroganz, sich über andere zu stellen. Beides gibt es in dieser Welt zuhauf, und dazwischen liegt ein schmaler Grat, den jeder von euch finden und auf den er sich im Laufe seines Lebens einpendeln kann. Durch jedes Sein, durch jede Erfahrung mit anderen Menschen, lernt ihr, ein Stückchen näher an diesen Grat heranzukommen und auf ihm zu balancieren. Wenn ihr eure Seele befragt, wisst ihr in eurem Inneren jedes Mal genau, ob ihr von diesem Pfad abgewichen seid und euch selbst beschwindelt habt, oder ob ihr klar in eurer eigenen Mitte wart und trotzdem den anderen nicht erniedrigt und ihm seine Kraft gelassen habt. Jeder von euch weiß es. Die Stimme in eurem Inneren sagt es euch.

Diese innere Stimme wird immer lauter, immer eindeutiger und wird sich bei allen von euch, die ihr auf dem Weg in die Fünfte Dimension seid, so sehr verstärken, dass ihr nicht mehr umhin kommt, sie zu hören. Und sie wird dafür sorgen, dass alle eure Schwächen nach und nach in Stärken verwandelt werden. Damit seid ihr auf einem guten Weg. Sicher ist es nicht immer einfach, diesen Weg zu gehen, und ihr werdet manches Mal an eure Grenzen kommen. Doch ihr werdet lernen, diese Grenzen zu erweitern. Und mit jeder Erweiterung werdet ihr ein Stück mehr innere Klarheit und Reinheit gewinnen. Und wenn diese mit der Liebe zu euch und zu den Menschen um euch verbunden werden, seid ihr reif für den Sprung in die Fünfte Dimension.

In jedem von euch steckt ein Teil von Serapis Bey, vom weißen Strahl, und ein Stück Gewissheit, was diese innere Reinheit tatsächlich ist. Durch dieses Wissen ist vorgegeben, dass ihr diesen Weg tatsächlich findet. Egal, welche Erfahrungen ihr im Leben machen werdet, ihr werdet immer wieder darauf zurückgeworfen, euch selbst zu prüfen und genau anzuschauen, was ansteht.

Wenn diese Klarheit und Eindeutigkeit in jedem einzelnen Bewusstsein vorhanden sind, wird es einen gemeinsamen Aufstieg geben. Zusammen mit den Heerscharen des weißen Strahls werde ich die Tore für alle weit öffnen, die sich klar erkannt haben und so geläutert und gereinigt aufsteigen wollen. Dabei werdet ihr eine Glückseligkeit, ein Licht und eine Leuchtkraft entwickeln, die ihr euch heute noch nicht vorstellen könnt, und es wird eine Leuchtkraft sein, die sich dann über die ganze Erde ausbreitet. Ihr werdet mit den kosmischen Gittern verbunden sein, die neu um die Erde gewoben sind, aber auch mit eurem eigenen Höheren Selbst, mit eurer Seele. Ihr werdet immer verbunden sein, wenn ihr es wollt, und trotzdem ein Leben auf der Erde leben können, in einer friedvollen Umgebung in Glückseligkeit und Harmonie mit allen Wesen, die hier sind.

Das Spielfeld Erde wird sich mit diesem Bewusstseinssprung verändern, der aus eurer eigenen inneren Klarheit und Reinheit entsteht. Es ist die letzte aller Voraussetzungen, die erforderlich ist, um diesen Sprung zu tun. Meine Aufgabe ist es, euch immer wieder darauf hinzuweisen, dass trotz aller Anstrengungen ein lohnenswertes Ziel für euch Menschen dahintersteckt. Was ihr dann in dieser Welt erfahrt, in dieser Bewusstseinsveränderung, ist mit nichts zu vergleichen, was ihr jetzt fühlt und erlebt. Es ist so, um in Metaphern zu sprechen, als ob ihr aus der Hölle direkt in den Himmel geht, als ob ihr von absoluter tiefster Tieftraurigkeit in absolute Glückseligkeit hineinkommt. Es ist eine Ebene, die sich menschliches Bewusstsein, so, wie ihr es im Moment erlebt, nicht vorstellen kann. In eurer Sprache gibt es keine Worte dafür.

Ihr werdet sozusagen ein Stück nach Hause zurückgehen und Verbindung mit allem haben, was euch wichtig ist: mit dem Wissen der himmlischen Sphären auf der Erde leben – mit all ihren Schönheiten und Wesen wie den Tieren, den Pflanzen, den Mineralien, mit den Flüssen, den Meeren, den Bergen, allen Schönheiten der Natur, dem Sonnenlicht, dem Regen und dem Regenbogen, dem Glitzern der tief stehenden Sonne und dem Wasser, den Tautropfen an einem frühen Morgen, dem ersten frischen Grün des Frühlings, vom Sonnenlicht durchstrahlt. All diese Schönheit werdet ihr erleben, und dazu die Schönheit des Himmlischen,– in zwei Welten zugleich.

Dafür werdet ihr euch von allen euren jetzigen Abhängigkeiten, Unklarheiten, Unsicherheiten befreien, die euch noch in eurem täglichen Leben belasten. Diese Befreiung ist es, die die Klärung bringt und euch im Inneren rein macht. Hell und klar wie ein Sonnenaufgang, wie ein junger frischer Morgen, völlig unbelastet – so werdet ihr aufsteigen. Alle Belastungen werdet ihr hinter euch lassen. Doch vorher schaut ihr euch alles noch einmal an, denn auf dem Weg dahin sollt ihr euch gegenseitig unterstützen, diese Abhängigkeiten und Belastungen zurückzulassen, damit ihr in eurem Inneren die Klarheit bekommt, die ihr braucht, um in die nächste Dimension zu gehen.

Ihr seid große Seelen, die vergessen haben, wie es ist, in der Reinheit zu sein. Das bedeutet nicht, dass ihr Buße tun und um Vergebung bitten müsst, sondern alles, was ihr erlebt, erlitten und getan habt – egal, ob als Täter oder Opfer – anerkennt, in euch akzeptiert und liebt. Liebt, was ihr getan habt, und seht, warum ihr es getan habt. Schaut es euch an und befreit euch von den Lasten. Verzeiht euch alles, was ihr getan und erlitten habt. Das ist der Weg, um in die innere Klarheit und Reinheit zu kommen. Es geht nicht darum, dass euch jemand anderes eine Missetat vergibt, sondern darum, dass ihr selbst sie euch vergebt.

Auf dem Weg dahin unterstütze ich euch gerne und gebe euch Richtung und Klarheit. Und alle anderen Erzengel und Aufgestiegenen Meister der verschiedenen Strahlen werden euch mit ihrer Hilfe und den Kräften ihrer Strahlen die Unterstützung bringen, die ihr zum jeweiligen Zeitpunkt braucht. Seid gewiss, dass ihr immer auf diesem Weg unterstützt seid, bis ihr an die Schranke kommt, an der ich stehe und euch frage, ob ihr in eurer Klarheit und Reinheit seid. Und dann geht ihr mühelos an mir vorbei in den Aufstieg.

Ich wünsche euch auf diesem Weg, beim Anschauen eurer eigenen, ungeklärten Anteile, eine tiefe Kraft, die aus euch selbst kommt und die wir aus unseren Ebenen unterstützen. Lasst euch helfen und seid innerlich stark. Lasst euch nicht klein machen. Geht in eure ICH BIN-Kraft. Seid, die ihr seid: Engel in Menschengestalt. Vergesst das nie!

Wir sind eure älteren Brüder und Schwestern, die euch auf allen Ebenen bei euren nächsten Schritten immer wohlwollend unterstützen.

ICH BIN Serapis Bey.

Kuthumi:
Wissen und Weisheit in eurer Zukunft

ICH BIN Kuthumi.
Namasté. Der Gott in mir grüßt den Gott in dir.
Ich grüße euch mit der Kraft der Weisheit und des Wissens. Ich grüße euch auf dem goldenen Strahl, der euch immer dann erreicht, wenn ihr offen für ihn seid.

Wir wollen heute einen kleinen Exkurs machen und schauen, in welche Richtung Wissen und Weisheit in der Zukunft gehen werden, wenn ihr in die nächste Dimension aufsteigt, wie sich eure Weisheit weiterentwickeln und sich euer Wissen vermehren wird, wenn ihr offen dafür seid.

Was wird geschehen, wenn sich die Erde und ihr euch gewandelt habt? Welche Ebenen der Erkenntnis und der Weisheit werdet ihr dann zur Verfügung haben? Welche Unterschiede wird es noch geben, und welche Möglichkeiten werden sich neu eröffnen? All das sind Fragen, die euch nicht alltäglich beschäftigen, denn es gibt nur wenige Momente in eurem täglichen Leben, in denen ihr über philosophische Themen nachdenkt, über Erkenntnisebenen, Wissensfelder oder andere Aspekte der Weisheit und Erkenntnis, die oberhalb eures Schul- oder Universitätswissens liegen. Oder unterhalb? Oder auf einer anderen Ebene? Man kann das nicht so genau sagen, manchmal vermischt es sich.

Selbst bei euren Wissenschaftseliten gibt es Erkenntnisse, die sich plötzlich Bahn brechen und aus einer Ebene kommen, die nicht dreidimensional ist. Plötzlich ist ein Funke da, und aus diesem Funken entsteht etwas in der Dreidimensionalität Nutzbares. Das ist wunderbar. So sind viele neue Erkenntnisse in diese dreidimensionale Welt gekommen: indem ein Kopf, ein Verstand, ein hochwissenschaftlicher Intellekt plötzlich abgeschaltet und Informationen durchgelassen hat. So sind Erkenntnisse immer vermittelt worden – sozusagen gechannelt. Wie ich jetzt durch diesen Kanal hier spreche, kann ich auch mit Wissenschaftlern, die schon ein anderes Verstandeswissen haben, über bestimmte Ebenen kommunizieren, wenn sie sich dafür öffnen.

Das wird in Zukunft öfter geschehen – nicht nur in Bereichen, die ihr Kultur und Kunst nennt. Dort sind solche Dinge schon lange an der Tagesordnung, weil Künstler sich nicht so sehr mit dem Verstand beschäftigen, sondern eher mit Gefühlen, Intuition und Kreativität. Sie sind mit ihrer Arbeit näher an der nächsten Dimension als die Menschen, die sich mit verstandesmäßigen Themen beschäftigen.

Im Laufe eures Lebens könnt ihr euch verändern. Wenn ihr in einer Lebenssituation seid, in der ihr Zeit und Muße habt, euch mit feinsinnigen Themen zu beschäftigen, werdet ihr sicherlich viel tiefer in die Materie eindringen können, als wenn ihr jeden Tag ums Überleben kämpfen müsst. Von daher seid ihr in dieser Kultur, in dieser Gegend der Welt privilegiert. Ihr habt die Zeit, die Muße und zum größten Teil auch den finanziellen Spielraum, die Dinge zu tun, die euch gefallen. Vielleicht nicht den ganzen Tag, aber einen großen Teil davon.

Wir sind auf der geistigen Ebene immer auf der Suche nach Schlupflöchern. Wer uns eins bietet, zu dem kommen wir. Wenn ihr es also zulasst, dass sich eure Seele öffnet und ihr den Verstand ein wenig beiseiteschiebt, dann klopfen wir an diese Tür. Dann sind wir bei euch, und ihr spürt es sogar. Wenn ihr es nicht wollt und ablehnt, werden wir euch nicht belästigen. Aber in dem Moment, in dem ihr es zulasst und sagt: „Ja, ich möchte den Kontakt, und ich werde mich auch so weit zurückziehen, dass er möglich ist", kann es sein, dass ihr mit eurem Bewusstsein in eine Dimension gelangt, in der Erkenntnisse intuitiv erfasst werden, ihr also nicht mehr *lernen* müsst, sondern durch geistiges Schauen *erkennen* könnt. Habt ihr vorher aus der Froschperspektive geschaut, schaut ihr nun aus der Adlerperspektive. Es sind völlig verschiedene Sichtweisen und Erkenntniswelten, die sich daraus ergeben.

Nutzt es ruhig, ab und zu einmal zu träumen, den Verstand zur Seite zu schieben, bei guter Musik zu entspannen, euch fallen zu lassen, damit euer wahres Sein Möglichkeiten hat, sich zu entfalten, das Gefängnis des Verstandes ein wenig weiter wird, die Gitterstäbe sich lockern, die Grenzen sich lösen und das Bewusstsein sich über den Verstand hinaus ausweiten kann. Die Wirklichkeit ist das, was wirkt. Und wenn ihr in eurer Wirklichkeit bestimmte Glaubenssätze in eurem Verstand verankert habt, dann sind genau diese Glaubenssätze eure persönlichen Grenzen des Wissens und der Weisheit. Wenn ihr sie erweitert und sie sich auflösen, dann löst sich genau an dieser Stelle das Bewusstsein auf und weitet sich aus.

Je mehr dieser Grenzen ihr nach außen öffnet, je weiter ihr den Raum für euer Bewusstsein ausdehnt, je weniger Einschränkungen ihr in eurem Verstand zulasst, desto mehr Erkenntnisse können in euch hineinkommen, desto besser ist euer Überblick über euer menschliches Sein und das Sein insgesamt, das viel weiter und offener ist als die Grenzen aller Religionen, die in den Köpfen der Menschen nach und nach Mauern errichtet haben.

Auch die Wissenschaft, die sich bei euch etabliert hat, ist eine Pseudoreligion und hat euch Grenzen gesetzt. Manches hat sie eine Zeit lang erweitert, und dann ist sie starr geworden, so wie jedes System, das sich etabliert, seine Grenzen setzt und starr wird. Wirklich lebensfähig sind nur die Systeme, die tatsächlich offen sind und sich immer wieder erweitern und neu definieren und so ein unbegrenztes Fließen möglich machen. Viele haben Angst vor dieser Unendlichkeit, diesen schier unermesslichen Möglichkeiten. Deshalb nutzen sie lieber Systeme, die überschaubar sind, sodass sie eine Prognose für die Zukunft errichten und sehen können, was als Nächstes kommt.

Innerhalb eines bestimmten Systems funktioniert das auch ganz gut. Doch wenn plötzlich Ereignisse eintreten, die dieses System nicht mitberechnen konnte, kommen in euch Zweifel auf, und ihr habt Angst davor, was die Zukunft bringen könnte, weil ihr die Möglichkeiten der Begrenzung und nicht die des unbegrenzten Seins gesehen habt.

Ihr seid in diesem Körper, um Grenzen zu sprengen, seid auf dem Weg, Grenzen, Bewusstsein auszuweiten, mehr Weisheit, Wissen und Erkenntnis in euch zu sammeln und in euer ganzes Sein hineinfließen zu lassen, über eure Körperlichkeit hinaus zu fühlen, über euren Verstand hinaus zu denken und über eure Grenzen hinaus zu handeln. Das ist es, was euch der Aufstieg in die fünfdimensionale Ebene schenken wird. Es wird sich anfühlen wie eine Bewusstseinsexplosion. Vielleicht wird es euch am Anfang etwas verwirren. Diese Verwirrung ist ein wunderbares kreatives Chaos, aus dem heraus sich dann das neue Bewusstsein und die neuen Ebenen des Seins, die mit Worten kaum zu beschreiben sind, entwickeln können.

Ihr werdet nicht nur einen Bewusstseinsstand erreichen, in dem ihr euch telepathisch mit jedem Wesen unterhalten könnt, sondern ohne Sprache, nur mit Bewusstseinsschwingungen miteinander kommunizieren können. Denn ihr werdet so miteinander schwingen, dass ihr erkennt, was der andere gerade sagen will. Es wird viel tiefgreifender sein, als Sprache es je sein könnte. Ihr werdet dies nicht nur in direktem Kontakt können, sondern über weite Entfernungen, indem ihr euch miteinander verbindet. So, wie ihr heute telefoniert oder über das Internet kommuniziert, werdet ihr in Zukunft über euer Bewusstsein die Kommunikation mit allen Menschen aufrechterhalten können, mit denen ihr Kommunikation haben wollt. Es wird eine Zeit sein, in der die Technik, die ihr jetzt noch als Krücke benutzt, nicht mehr nötig sein wird – eine neue Ebene des Verstehens, des Kommunizierens und des Ausgleichs aller Energien. Die technischen Errungenschaften werden wieder in der Versenkung verschwinden, so, wie sie auch aus der Versenkung nach oben getreten sind. Sie sind nur eine kurze Zeit notwendig, um euch diese Möglichkeiten zu eröffnen. Was jetzt auf technischem Gebiet möglich ist, wird sich später auf telepathischem Weg ergeben.

Auch viele andere Dinge werdet ihr, wenn ihr euer Bewusstsein angehoben habt und in euer wahres Sein gekommen seid, verändern können. Ihr werdet tatsächlich das können, was in einem eurer heiligen Bücher steht: Berge versetzen – und zwar im wahrsten Sinne des Wortes, indem ihr die Levitation beherrschen lernt. Ihr werdet nicht nur selbst durch den Raum schweben, sondern auch größere Gegenstände bewegen können, so, wie ihr es euch in eurer Phantasie kaum vorstellen könnt. Es wird eine Welt sein, in der ihr enorme Kräfte in und um euch beherrscht. Alles schwere Gerät, alle Technik, wird zum größten Teil überflüssig sein. Ihr werdet andere technische Gerätschaften haben, fünfdimensionale Raumschiffe, mit denen ihr eure Nachbarn auf dem Sirius oder den Plejaden besucht.

Durch euch wird die Erde zu einem wunderschönen grünen Planeten, eine Oase, die eine Vielfalt an Lebensmöglichkeiten beherbergt. Kein anderer Planet hat diese Vielfalt. So, wie ihr heute schon Naturparks habt, wird es einen Naturpark Erde geben. Dieser wird von euch als Hüter nicht mehr bewirtschaftet, sondern gepflegt und erhalten. Ihr werdet alles haben, was ihr braucht, und von überall her Besucher empfangen und sie auf eurem Planeten herumführen.

Alles wird also ganz anders sein als bisher. Ihr werdet alles Wissen *haben*, das ihr braucht. Nach und nach wird jeder Einzelne über die nächsten Generationen hinweg seine speziellen Aufgaben finden, weil ihr alle Wissensbanken des Universums zur Verfügung habt, um das zu erschaffen, was ihr erschaffen wollt. Ihr werdet tatsächlich zu Mitschöpfern. Dieses Mitschöpfertum werdet ihr nach und nach in euch verwirklichen, und daraus holt ihr das Wissen in die Ebenen, in denen ihr dann wirkt.

Aus diesem Mitschöpfertum heraus werdet ihr in Zukunft viel besser im voraus sehen können, wie eure Kreationen tatsächlich sind, was sie bewirken und welche Folgen sie haben. Was ihr heute durch Versuch und Irrtum erreicht oder durch Vorausberechnungen, die noch sehr menschlich und beschränkt sind, werdet ihr bis ins Detail vorausschauen und so viel besser entscheiden können, ob ihr diese Neuerschaffung einer bestimmten Situation tatsächlich verantworten wollt. Ihr werdet dabei viel klarer sein als die Menschen, die heute noch auf diesem Planeten die Entscheidungen fällen, ob zum Beispiel – ich will es einmal ganz profan sagen – in 1500 m Tiefe unter dem Meer Öl gebohrt werden soll. Eine solche Entscheidung war nicht von großer Weisheit, und ihr habt großes Glück gehabt, dass nicht schon viel früher etwas passiert ist. Auf dieser Ebene seid ihr noch wie Kinder, die sich ausprobieren.

Das wird in Zukunft anders sein, weil ihr voraussehen könnt, was ihr mit eurem Tun bewirkt. Sei es in so großen Ebenen, wie die gesamte Erde neu zu erschaffen, neu zu beleben, oder in kleinen Bereichen, wie die Frage, was ihr zum Frühstück esst. Diese Entscheidungen werden dann genauso von Weisheit durchdrungen sein wie weitreichende Entscheidungen über den Planeten Erde, wie ihr euch untereinander organisiert und in Zukunft sogenannte Regierungen gestalten wollt. All das wird sich aus einem Wissen entwickeln, das viel höher ist als das heutige menschliche Bewusstsein.

Aus dieser Fünfdimensionalität heraus werdet ihr blühende Gärten auf der Erde haben, Gemeinschaften, die sich im Kleinen organisieren, sich in größeren Gruppen austauschen und sich über den gesamten Planeten und dann auch zu den Brüdern und Schwestern im Universum vernetzen. Ihr werdet also eine Zukunft haben, die viele neue Perspektiven und Erkenntnisse schafft. Und mit eurer Weisheit werdet ihr genau erkennen, was zu tun ist und was ihr lieber lassen solltet. Dieses Wissen wird euch in vielen Entscheidungen frei machen, zum Beispiel werdet ihr nicht mehr abhängig von den Geldmitteln sein, die momentan auf der Erde noch wichtig sind – so, wie es euch die Meister, allen voran St. Germain, immer wieder gesagt haben.

Ihr werdet nicht mehr davon abhängig sein, ob die Finanzströme fließen oder ob euch ein Arbeitgeber Arbeit gibt, sondern autark in allen euren Entscheidungen. Das, was ihr und euer Körper zum Leben braucht, werdet ihr immer zur Verfügung haben. Alles andere werdet ihr euch gegenseitig schenken. Ihr werdet ein Leben in Weisheit führen, indem ihr eine Gemeinschaft von Herz zu Herz bildet, die nur über die Weisheit des Herzens entscheidet und nicht über das Wissen des Verstandes. Bereits jetzt merkt ihr in vielen Teilen eurer Welt, dass alte Hierarchien, Verhaltensmuster und Institutionen, die mehr über den Verstand als über das Herz agieren, nach und nach ihre Daseinsberechtigung verlieren, weil sie von den Herzen der Menschen nicht mehr anerkannt werden.

Ihr werdet das in allen Institutionen dieser Welt, in großen Konzernen und Religionen, bei Staaten und in Gemeinschaften, ja, in allen Bereichen erleben, die sich starr über den Verstand und das Wissen etablieren und die Menschen dadurch klein halten wollen. Das wird nicht mehr möglich sein und nicht mehr unterstützt. Ihr werdet spüren, dass viele Menschen in die neue Weisheit und das neue Leben hineinfließen, sich öffnen wollen und Herz-zu-

Herz-Beziehungen auf allen Ebenen wünschen und sich die Weisheit des Herzens ausbreiten wird – ich will nicht sagen wie ein Lauffeuer, so schnell wird es nicht gehen, aber ihr werdet es nicht aufhalten können. Es ist wie eine Welle, die alles mitnimmt, was sich ihr in den Weg stellt, eine Welle der Liebe, der Weisheit, der Freude, die über die Welt geht und alles mitträgt und in ein höheres Bewusstsein mitnimmt.

Einige alte Gebäude werden dabei zu Bruch gehen, so, wie bei euch einige alte Verhaltensmuster zu Bruch gehen werden. Ihr werdet euch neu orientieren, in eurem Körper, in den Beziehungen zu Menschen, zu eurer Arbeit – zu allem, was um euch ist. Neue Beziehungen zu den Tieren und Pflanzen werden von euch aufgebaut. Dadurch werdet ihr eine Weisheit des Herzens erreichen, die euch öffnet und alles, was ihr vorher erlebt habt, wie eine Kleinigkeit vorkommen lässt. Ihr werdet in eurer Weisheit zu eurem Hohen Selbst und eurer Seele geöffnet sein. Darüber werdet ihr alles Wissen haben: indem ihr an eure höhere Weisheit, euer höheres Bewusstsein und die Chakren, die über dem siebten sind, angeschlossen seid und damit eine Verbindung zu eurem und dem Höheren Selbst aller Menschen und zum Sonnensystem haben werdet.

In diesem Sinne wünsche ich euch viele Prozesse, die alles auflösen, was euch noch im Weg steht. Ich weiß noch, wie es in meinem letzten Leben war. Der Prozess hat mich in eine solche Verwirrung gebracht, dass ich buchstäblich verrückt geworden bin. Ich war ver-rückt. Und so ist es auch bei euch: als ob ihr von einem Platz weggenommen und an einen anderen gerückt werdet, an einen anderen Standpunkt. Verrückt sein ist nicht schlimm. Vielleicht solltet ihr es einmal ausprobieren. Lasst euch einmal verrücken. Stellt euch auf einen anderen Standpunkt und betrachtet von dort die Welt. Es ist gar nicht so schwer – wenn ihr euren Verstand ausschaltet. Lasst ihn ruhig einmal zur Seite treten, wenn die Weisheit des Herzens durchkommen möchte. Wenn die Weisheit der Liebe durchschwingen will, lasst sie schwingen und tut wenigstens einmal im Monat etwas völlig Verrücktes. Es wird eure Lebensperspektive verändern und euch vielleicht ein wenig mehr Weisheit schenken.

Ich wünsche euch viele verrückte Augenblicke in eurem Leben, in denen ihr aus einer anderen Perspektive – vielleicht schon in die Fünfte Dimension hinein – eure und die Zukunft der Erde so sehen könnt, wie ich sie euch gerade beschrieben habe. Ich wünsche euch ganz viele davon.

ICH BIN Kuthumi. Namasté

Sanat Kumara:
Partnerschaften und Sexualität im Wandel

ICH BIN Sanat Kumara.

Ich grüße euch mit dem Licht und der Liebe, die immerwährend strömen und um euch sind: das Licht, das nie verlischt, die Liebe, die immer strahlt und mit euch und allen Wesen, die leben, ist. Nichts lebt oder gedeiht außerhalb der Liebe. Die Liebe ist die Grundlage für Alles-was-ist. Sie ist die Grundlage jeglicher Schöpfung, sei es im Geistigen oder im Materiellen.

Ihr lebt also in der Liebe, und ihr habt euch gefragt, wie es ist, sie vollkommen zu spüren, und warum die Menschen, die um euch sind, sie euch nicht immer geben und ihr euch manchmal so abgeschnitten von ihr fühlt. Es mag sein, dass ihr euch abgeschnitten *fühlt*, aber ihr könntet gar nicht existieren, wenn die Liebe nicht bei und in euch wäre. Sie ist immer da, bei jedem, auch wenn es sich nicht immer so anfühlt.

Jetzt werdet ihr mit eurem Erwachen, das immer klarer und deutlicher zutage tritt, das, was ihr unter Liebe versteht, immer mehr ins Bewusstsein holen. Ihr werdet aus der Tiefe der Abgeschiedenheit in ein Bewusstsein aufsteigen, in dem euch immer deutlicher wird, dass die Liebe wirklich da ist. Der Nebel, der sie vor euch verbirgt, wird sich nach und nach auflösen. Ihr werdet immer mehr

Erlebnisse in eurem Körper, eurem Geist und eurer Seele haben, die euch zeigen, dass die Liebe mit und um euch ist – vor allem immer in euch selbst.

Je mehr ihr das in euch spürt und erfahrt, desto klarer werdet ihr sie auch im Außen anziehen. Ihr könnt es euch wie bei einem Magneten vorstellen, der alles anzieht, was von ihm selbst ausgestrahlt wird. In dem Moment, in dem ihr euer Herz geöffnet habt und die Liebe spürt, kann sie auch von außen mehr zu euch fließen, sodass alle Erlebnisse, die euch Schmerz zugefügt haben, geheilt werden können. Denn in dem Moment, in dem ihr die Liebe in euch annehmt und spürt, dass sie euch durchdringt, wird alles geheilt, was noch zu heilen ist, und alles geklärt, was noch zu klären ist.

Im Licht der Liebe wird nichts im Verborgenen bleiben, was euch jemals wieder verletzen könnte; es wird alles ans Tageslicht geholt, und ihr werdet euch eure Anteile deutlich anschauen und sie annehmen, wie sie sind, auch das, was euer Verstand heute noch ablehnt und euer Tagesbewusstsein noch nicht sehen will. All das werdet ihr im Licht eurer eigenen Herzensliebe vollständig annehmen können. Ihr werdet Situationen aus der Vergangenheit im Licht der Liebe besser nachvollziehen können und nichts mehr ablehnen, was ihr jemals erlebt habt.

Das mag euch jetzt vermessen, zu groß und zu mächtig vorkommen, aber die Liebe ist mächtig, groß – sie ist unendlich. Ihr werdet sie nicht mit euren Worten fassen können, und sie wird euch dennoch ergreifen. Weil ihr auf diesem Weg seid, werdet ihr in Beziehungen zu anderen Menschen euren Wünschen immer näher kommen. Ihr werdet euch in euren Ansichten und Vorstellungen dem anpassen, was dann in Liebe um euch ist, indem ihr sie erkennt, wenn sie euch im anderen begegnet und wann sie bei euch bleiben will.

Es wird eine Art von neuer Liebe, neuer Beziehung, neuer Partnerschaft von euch entwickelt, die in eine Tiefe, in eine Herzlichkeit hineingeht, wie ihr sie bisher nicht kennengelernt habt. Ihr werdet von diesem Herzgefühl nicht gerade überschwemmt, aber doch so sehr ergriffen sein, als ob ihr einen heiligen Raum betretet, der sich nur für euch öffnet und sich so richtig, gut, klar, rein und voller Leben anfühlt, dass ihr ihn nicht wieder verlassen wollt. Diesen Raum werdet ihr erreichen, und dort werdet ihr eine Partnerschaft leben können, die von eurem und dem Sein des anderen so durchdrungen ist, dass ihr nur die Liebe eures Herzens fühlt und trotzdem wisst, dass der andere ein eigenständiger Mensch ist.

Dieses Anderssein wird euch bereichern. Es wird euch nicht abstoßen oder erschrecken, sondern ihr werdet es annehmen. Genauso wird auch euer Partner euer Anderssein annehmen, lieben und so lassen, wie es ist. In dieser Partnerschaft wird niemand mehr den anderen formen, ändern oder in irgendwelche Verhaltensmuster eingreifen wollen. Ihr werdet jeden so in seiner Kraft lassen, wie er ist. Im Gegenteil, ihr werdet ihn eher noch unterstützen, weil ihr etwas seht, das ihr so noch nicht kennt. Ihr werdet jeden neuen Ausdruck von Liebe tatsächlich unterstützen.

Hier entsteht eine neue Partnerschaft, eine neue Ebene von Beziehungen untereinander, in denen ihr das Leben neu entdecken werdet. Ihr werdet wissen, welche Aufgaben ihr miteinander habt, wann ihr Kinder haben und was ihr erreichen wollt. Eure Seelen haben zueinander gefunden, damit ihr in dieser Gemeinschaft etwas bewirkt, das auch nach außen die Welt verändert. Ihr werdet die eigenen inneren Fähigkeiten mit denen des anderen verschmelzen. Eure Härte werdet ihr ablegen und weicher werden und eure innere Unnachgiebigkeit in Nachgiebigkeit verwandeln. Die männlichen und weiblichen Anteile in euch werden verschmelzen. Dadurch werdet ihr nicht zu einem androgynen Wesen, sondern zu einer vollständigen Persönlichkeit, die in ihrem Körper die männliche und die weibliche Kraft zulässt. Mit diesem Körper werdet ihr euer Leben leben und trotzdem die Anteile der Weiblichkeit und Männlichkeit in Ausgewogenheit in euch integriert haben.

Daraus entsteht eine neue Dimension des Zusammenlebens, die sich so klar entwickeln und in einer solchen Schönheit entfalten wird, dass ihr mit dem Partner, den ihr gewählt habt, in einer Seelenharmonie lebt, in der alle seelischen und körperlichen Wünsche gelebt werden dürfen. Ihr werdet eure Lust und eure Liebe in diesem Körper auch leben, wenn ihr männliche und weibliche Anteile integriert habt. Ebenso werdet ihr die Lust beim anderen spüren, sie mit ihm ausprobieren, ihm eure Lust schenken und sie miteinander teilen. Es wird eine Klarheit und Offenheit sein, die eure Körper mit einbeziehen, eure Herzen noch weiter öffnen und eure Seele jubilieren lassen. Das wird die Liebe und die Partnerschaft der Zukunft sein.

Bis diese Ebenen tatsächlich erreicht sind, werdet ihr ein wenig experimentieren, wer zu euch passt. Ihr werdet fühlen: „Welcher Mensch zieht mich an, und von wem möchte ich angezogen werden? Wer darf mit mir die Lust neu ausprobieren, und welches Sein in mir will sich nach diesen neuen Erfahrungen wieder zurückziehen, um sie zu verarbeiten und zu sehen, wie sie weiterentwickelt werden können?"

Jeder hat in diesem Leben die Möglichkeit, diese Experimente neu zu wagen, wenn die bestehende Beziehung nicht mehr funktioniert. Wenn ihr spürt, dass eine Ebene erreicht ist, in der die alten Strukturen so festgefahren sind, dass sie auch mit beiderseitiger Anstrengung nicht in die neuen Ebenen gebracht werden können, darf sich Altes auflösen und Neues entstehen – manchmal sogar mit demselben Partner.

Ihr könnt euch selbst entwickeln, und durch diese eure Veränderung werdet ihr euch auf dieser neuen Ebene dem Partner wieder zuwenden, so, wie es in der Neuen Zeit richtig ist. Ihr werdet euch nicht mehr nach dem alten Muster binden, auf diese Zusammenführung von zwei Menschen beschränken, sondern so damit umgehen, dass sich die Partnerschaft zum beiderseitigen Wohlbefinden entwickelt, was alle Ebenen des Körpers mit einschließt, von der geistig/seelischen bis hin zur körperlichen Ebene. Alle Gefühle sind richtig, und alles will auf jeder Seite der Partnerschaft angesehen werden.

In einer Zukunft, die von nach eurer Zeitrechnung vielleicht zweihundert, dreihundert Jahre im voraus liegt, wird es so sein, dass Menschen bis zu ihrem 30./40. Lebensjahr überhaupt keine feste Beziehung eingehen. Es wird eine Zeit des Ausprobierens, des beruflichen und persönlichen Entwickelns sein, in der ihr dann spielerisch miteinander umgeht und euch so weiterentwickelt, wie ihr es wollt und wie ihr auf dieser Erde eure Ebenen schafft, die sich dann ausdrücken wollen. Erst wenn ihr eine gewisse – ich will einmal sagen – äußere Reife erreicht habt, werdet ihr euch entscheiden, mit einem Partner oder einer Partnerin den Rest eurer 200/300 Jahre zusammen zu leben.

In dieser Neuen Zeit, die ich jetzt ansatzweise anreiße, werden sich Menschen bis zum 30./40. Lebensjahr wie heute die Jugendlichen entwickeln dürfen – eine Jugendlichkeit, die alles ausprobieren darf. Das Gegenüber wird auf einer tiefen seelischen Ebene erkannt und mit dem eigenen Herzen verschmelzen. Durch die Verschmelzung dieses Paares kann dann eine Verbindung entstehen, die mit euren heutigen Partnerschaften nicht mehr viel zu tun hat – eine Seelenpartnerschaft, die sich zum Teil heute schon in manchen Beziehungen auf der Erde entwickelt hat. Diese hat eine andere Tiefe, die Trennung zwischen den Partnern ist aufgehoben, und es existiert ein Verständnis, eine Innigkeit, eine Liebe, die Alles-was-ist trägt und teilt.

In dieser Tiefe und gleichzeitigen hohen Liebe werdet ihr bei der Partnersuche nicht nach äußeren, inneren oder materiellen Werten gehen, sondern nur nach der Herzensebene, und diese wird alles andere mitgestalten. Das Äußere wird dem Inneren folgen. Ihr werdet auf allen Ebenen so miteinander verschmelzen, als wärt ihr eine Einheit, die zwar unterschiedliche Dinge tut, aber immer das gleiche Ziel verfolgt.

Solche Partnerschaften, die auf einem hohen Maß an Mitgefühl und Verständnis für den Partner beruhen, werden jetzt schon in vielen aufgestiegenen Reichen gelebt Ihr seid auf dem Weg, diese neuen Ebenen zu entdecken. Und ihr werdet, ähnlich wie die Engel, die um euch sind, alles so annehmen können, wie es bei eurem Partner ist. Ihr werdet ihn so lassen, wie er ist, und nichts ändern wollen, außer er selbst will es. Immer dann, wenn ihr die Begegnung auf dieser Ebene fühlt, wird sich euch die Liebe ganz und gar offenbaren.

Das ist das Ziel, das im Moment für die meisten noch weit entfernt, jedoch in der Fünften Dimension eine Selbstverständlichkeit ist. Lediglich euer Verstand hindert euch noch, es zu sehen. Er kann die Schleier nicht zur Seite schieben, die noch zwischen dieser umfassenden und dem jetzigen Verständnis von Liebe sind. Eine Ebene der Neugestaltung, der Entwicklung liegt dazwischen.

In dieser Ebene seid ihr seit einigen Jahren dabei, Veränderungen in euch immer mehr zuzulassen und zu entdecken, wie ihr funktioniert. Ihr seid dabei, immer mehr Ebenen ins Bewusstsein zu holen und liebevoll anzusehen, nichts mehr wegzudrängen, um es nicht mehr sehen zu müssen. Nach und nach seht ihr euch alles an, was bearbeitet werden will. Also wandelt und transformiert es, damit es euch nicht mehr behindert.

Das ist irgendwann auf dieser Ebene geschehen, und dann ist die Zeit der neuen Liebe und des neuen Miteinanders angebrochen, und zwar so stark, dass sie für alle deutlich wird und ihr die Gesetze und Organisationen, wie ihr sie jetzt in eurer Kultur aufgebaut habt, nicht mehr benötigt. Diese Verträge im Außen werden nicht gebraucht, weil ihr sie im Inneren macht und dadurch miteinander verbunden seid, so lange ihr es wollt. Jeder wird den anderen – wenn es erforderlich ist und ihr es wollt – für weitere Möglichkeiten der Entwicklung freigeben, und niemand wird in einer Situation zurückgelassen, in der er sich nicht wohlfühlt.

Alle Verträge werden liebevoll geschlossen, und wenn sie wirklich einmal aufgelöst werden, geschieht das ebenfalls in Liebe. In der Regel werdet ihr das nicht brauchen, doch auch in der Neuen Zeit wird es Wesen geben, die schneller vorangehen. Deshalb kann es ein, dass auch hier Verträge, sogenannte Zeitverträge, nur eine Zeit lang gültig sind, gerade in der Entwicklung und der Neuorientierungsphase, wenn ihr euch noch nicht im Klaren darüber seid, was ihr tatsächlich wollt.

Die Liebe wird euch immer klarer und heller durch eure Beziehungen begleiten. Alles, was ihr erlebt, geht in ein Empfinden über, das die Gefühle und sexuellen Stimulierungen, die ihr kennt, weit in den Schatten stellen wird. Ihr werdet euch auf einer geistigen und körperlichen Ebene so weit entwickeln, dass ihr in einen Rausch des göttlichen Seins hineinkommt und dies genießen dürft, wann immer ihr es wollt – in Harmonie und Schönheit, in einer Lust und Liebe mit- und zueinander, die euch beide dann ergänzt und auffüllt und in eine Ebene bringt, die ekstatisch ist. Das werden Erlebnisse sein, die euer Miteinander noch einmal zusätzlich krönen und euch die Gewissheit verschaffen, dass ihr auf einem Weg seid, auf dem ihr diese innere Liebe mehr und mehr in euch verwirklicht habt.

Ihr seid auf dem Weg in eine Dimension, in ein Erleben und Fühlen, der durch die Worte, die durch diesen Partner gesprochen werden, nicht ausreichend beschrieben werden kann. Ihr werdet die inneren Zustände, die ihr dabei nach und nach integriert und vollständig in euch fühlt, so sehr verinnerlicht haben, dass es in der Neuen Zeit auch neue Worte geben wird, um dies alles zu beschreiben.

Hier werdet ihr ein Stück näher an eure eigene Göttlichkeit, an euer eigenes Sein herangeführt: durch diese neue Liebe, durch diese neuen Beziehungen und dadurch, dass ihr euch selbst nicht mehr ablehnt, sondern euch immer so annehmt, wie ihr seid. Das ist die Grundvoraussetzung für alles, was sich daraus ergeben wird.

Diese Grundvoraussetzung der Selbstliebe ist es, die euch für die Liebe eures Partners öffnet. Die innere Verschmelzung mit eurem eigenen Herzen und das Annehmen all dessen, was in ihm ist, ist die Voraussetzung für die Liebe zu allen Menschen, denen ihr dann in der Partnerschaft begegnet.

Eine Liebe, die alles hat, die nichts mehr vermissen lässt, in der ihr vollkommen geborgen seid. Das ist es, was die Zukunft euch bringt. Harmonie im Herzen, im Körper, in den Gefühlen und im Geist, dass selbst Engel neidisch werden, wenn sie auf euch herabschauen, weil sie diese körperliche Ebene nicht haben.

Ich bin mit den Ebenen, die ich auf der Erde halte, immer dabei, euch den Raum zu geben, der für diese Entwicklung benötigt wird. Die unendlichen Scharen geistiger Kräfte, die daran beteiligt sind, freuen sich darauf, dass ihr euch in diese Richtung entwickelt. Wir sind immer bei euch und halten die Energie, so lange ihr sie braucht. Dann wird die Zeit kommen, in der ihr sie für euch und die Erde selbst halten könnt, und wir werden gemeinsam die Stufen weiterschreiten, hin zur Quelle, zum göttlichen Sein, das uns alle wieder aufnimmt.

Ich grüße euch in tiefster Demut vor eurem Weg, vor eurem Erleben in dieser dreidimensionalen Welt, für das Leben, das ihr hier in dieser Unwissenheit und Dunkelheit führt, für euer Erleben in das Licht und das Leuchten, wenn es die Dunkelheit dann vertreibt. Ich danke euch für euer Sein, dafür, dass ihr tut, was ihr tut. Ich bin gerne bei euch und halte die Energien mit, so lange sie gebraucht werden.

ICH BIN Sanat Kumara.

Sanat Kumara:
Die Entwicklung der Erde zum Paradies

ICH BIN Sanat Kumara.

Ich grüße euch mit dem Licht und der Liebe, die diese Welt durchströmen, die diese Erde, diesen Ort, diesen Platz, auf dem ihr wohnt, den auch ihr mit euren Energien belebt und beeinflusst, bestrahlen. Mit dieser Liebe, die alles durchströmt, mit diesem Licht, das hier so präsent ist und immer stärker wird, grüße ich euch ganz herzlich.

Ich weiß von der Symbiose zwischen euch und der Erde, von allen Verbindungen, die ihr aus den Engelwelten mitgebracht habt, und aus welchen Ebenen der Galaxis ihr gekommen seid, um hier eure Erfahrungen zu machen, euren Dienst zu leisten und das aus diesem Planeten zu machen, was jetzt dabei ist zu entstehen. Ich war immer dabei, wenn ihr euch entschieden habt, hierher zu kommen, denn ich hüte diesen Planeten schon so lange Zeit und kenne jedes Wesen.

Diese Erde, ist ein urweibliches Wesen, das immer dazu bestimmt war und sich bereit erklärt hat, Leben in allen Formen zu ermöglichen, alles zu tun, um Lebensformen entstehen zu lassen, vergehen zu lassen, Experimente zu wagen, Neues auszuprobieren, Bewährtes zu erhalten und weniger Gutes wieder gehen zu lassen. Es ist ein Ort des Werdens und Vergehens, an dem alles möglich ist und sich vieles entwickeln darf.

Ihr seid jetzt hier auf dieser Erde, und sie will sich auch in ihre Meisterschaft hineinentwickeln, zu einem Ort, auf dem etwas entstehen wird, das ihr vielleicht das Paradies nennen würdet, so, wie ihr es aus euren heiligen Büchern kennt, ein Ort, an dem tatsächlich so etwas wie der Garten Eden entsteht, in dem sich eine Welt entwickelt, in der alle Wesen ihr Glück erleben dürfen und unterschiedlichste Wesenheiten in Harmonie zusammenleben können, weil sich die Gleichgewichte so verändern, dass die Gegensätze parallel nebeneinander existieren können, ohne sich zu bekämpfen.

Die Erde hat diesen Weg mit allen gewählt, die auf ihr leben, mit den Wesenheiten des Kosmos, die sie begleiten, und mit den Hütern und Logi anderer Planeten, die um sie sind. Denn alles bedingt sich gegenseitig, nichts steht allein. Auch dieser Planet ist im Verbund mit der Sonne, die er umkreist, und mit den anderen Planeten, die mit um die Sonne kreisen, ein Schwesterplanet der anderen. Hier hat die Erde eine sehr weibliche Rolle übernommen und gibt all ihre Kraft und ihre Möglichkeiten, die sie hat, um dieses körperliche Leben zu gestatten.

Diese Ebene der Erde will jetzt mit euch zusammen über einen langen Zeitraum einen Planeten entwickeln, der für alle anderen Wesen aus den Welten außerhalb eurer Galaxis sichtbar wird, mit einer Vielfalt an Wesen und Leben, sodass eine harmonische Ebene entsteht. Somit ist eine Entwicklung zu Ende gegangen, die aus Kampf und gegenseitiger Vernichtung bestand, daraus, sich selbst zu erhöhen und andere zu erniedrigen, selbst kraftvoll emporzuwachsen und andere kleinzuhalten.

Jetzt geht es darum, so miteinander zu leben, dass alle ihr Leben auf dieser Erde gut führen können, dass – wie es manchmal so schön in euren Schriften heißt – der Löwe neben dem Schaf liegt. Das meine ich nicht nur im übertragenen Sinne, sondern tatsächlich. Und dass die Menschen, die eher kriegerisch eingestellt waren, jetzt sanft werden wie die Lämmer und in ihre eigene Kraft hineinwachsen und ihre innere Stärke zeigen.

Hier werden sich alle Gegensätze aufheben, und mit eurer Hilfe wird ein großer Garten entstehen. Die Erde wird euch dabei unterstützen, indem sie für alle Lebewesen entsprechend gute Lebensbedingungen schafft. Es wird eine Ebene sein, die sich in der Form, wie ihr sie jetzt kennt, nicht mehr zeigt, in der das, was sich gegenseitig stört und unterdrückt, nicht mehr vorhanden ist, sodass alles in Symbiose miteinander lebt. Ihr werdet die Entwicklung daran erkennen, dass manche Arten gehen und andere kommen und sich auch Menschen und ganze Völker, die heute noch sehr unterdrückend arbeiten und mit dem Prinzip der Macht und Ohnmacht konfrontiert sind, nach und nach wandeln, um ein vollbewusstes Mitglied dieser neuen Gemeinschaft zu werden.

Alles will herzlich miteinander und in Liebe zugetan

sein. Ihr werdet an den verschiedensten Orten dieser Erde und so mit der Natur zusammenleben, dass ihr zum Teil in Häusern wohnt, die in den Bäumen sind, und zum Teil in Felsenhöhlen, die in Schluchten hineingebaut werden. Ihr werdet Wasser und Schatten haben, wenn die Sonne scheint, und die Wärme der Erde genießen, wenn die Witterung im Außen kalt ist. Ihr werdet so viele neue Möglichkeiten der Gestaltung eures Lebens finden, die so harmonisch mit der Natur und den Elementen in Verbindung sind, dass euch auch Pflanzen den Raum und Schutz bieten, den ihr für euren Körper braucht. Nach und nach werdet ihr in einer solchen Symbiose mit allen Teilen dieser Erde sein, dass es ein gegenseitiges Geben und Nehmen ist. Es wird kein Übermaß, keine Vorratshaltung mehr nötig, sondern immer genug für alle da sein, und jeder von euch wird das nutzen, was in seinem Umfeld ist – eine Art des Lebens, die vollkommen ist und mit Allem-was-ist im Einklang ist.

Gleichzeitig werdet ihr eine Technik entwickeln, euch mit den Wesen zu verbinden, die aus dem All kommen. Auch als Menschheit werdet ihr euch so miteinander verbinden, dass ihr einen Rat auf dieser Erde habt, der euch zwar nicht regiert, aber euch repräsentiert, denn ihr werdet keine Regierungen mehr benötigen. Ihr werdet autark sein in der Natur, in der ihr lebt, und von dem leben, was ist, aber ihr werdet mit den Weisen verbunden sein, die die Verbindung zu den Weisen der anderen Sternenkonstellationen halten. So werdet ihr immer wissen, wie die Verbindungen mit dem Universum gestaltet sind und Zugang zu allem Wissen haben, wenn ihr es wollt. Ihr alle werdet miteinander verbunden sein – ich will nicht sagen: in eurem Denken – aber in der Erkenntnis, dass ihr immer über alle Informationen verfügt, die auch euren Repräsentanten zur Verfügung stehen.

Hier wird es keine Wissenslücken mehr geben. Der Einzelne, der sich, zurückgezogen in seinem Wald, in seinem Baum, gut eingerichtet hat, wird genauso mit der Weltregierung verbunden sein wie derjenige, der durch den Raum reist und andere Planeten besucht. Ihr werdet beides haben: die absolute Schönheit in der Natur – und manche werden sich nur dort hingezogen fühlen – und gleichzeitig eine hoch entwickelte, subtile Technik, die eurem Menschsein entspricht, sodass ihr zu anderen Planetensystemen reisen und Kontakt mit der großen Gemeinschaft aller halten könnt, die sich im Raum aufhalten.

All das kann sich parallel entwickeln, und ihr könnt beides sein. Ihr könnt Kontakte haben und euch zurückziehen, euch also ein- und ausklinken. Ihr könnt euch entspannen und wohlfühlen, und ihr könnt Neues erschaffen und erfahren – jeder so, wie er es für sich wünscht. Niemand muss etwas tun, was seiner eigenen Persönlichkeit nicht guttut, was seinem eigenen Gefühl des Seins widerspricht, sondern kann sich so entfalten, wie er es will. In diesem zukünftigen Szenarium wird dieser Planet vollkommen im Gleichgewicht sein. Er wird euch alles bieten, was ihr braucht, und ihr werdet mit ihm und gleichzeitig mit dem Universum verbunden sein. Alles Wissen steht euch zur Verfügung, und es wird euch an nichts fehlen. Alles ist immer vorhanden.

Eine wunderschöne Zukunft kreiert ihr euch gerade, die mit eurem jetzigen Wissen nicht vergleichbar ist, eine Zukunft, die tatsächlich eine innere Schönheit, ein inneres Herzensgefühl, eine Wärme und Verbundenheit zu jedem Menschen, jedem Tier und jeder Pflanze beinhaltet. Gleichzeitig öffnet ihr euch für die Wesen des Universums und die der Erde. Ihr öffnet euch für die Wesen, die in den Elementen, in den Blüten der Pflanzen leben, für das Kleine Volk, das sich lange zurückgezogen hat, und für alle Ebenen der Geistwesen. Nach und nach werdet ihr an ihren Aufgaben teilhaben, die Welt mit zu beeinflussen.

Ihr werdet euch mit dem Geist der Bäume verbinden und neue Möglichkeiten des Wachsens und Kreierens schaffen, indem ihr euch vielleicht eure Wohnung darin einrichtet. Mit den Felsen werdet ihr euch verbinden, indem ihr Möglichkeiten entwickelt, so tief in ihnen eine Verbindung zur Erde zu schaffen, dass die Wärme aus Kanälen aufsteigt, um eure Wohnung zu wärmen, wenn es draußen kalt ist. Ihr werdet euch eure Wohnungen so kreieren, wie es für die Natur und euch gut ist.

Gleichzeitig werdet ihr Städte haben, die anders sein werden wie eure heutigen. Es werden keine Betonburgen, sondern filigrane Städte sein. Eure Wohnungen werdet ihr mit Gedankenkraft verändern können, indem ihr sie abdunkelt oder heller macht oder euch vorstellt, wie sie sich innerlich verwandeln sollen. Ihr werdet zum Teil wie in einem großen Baum leben, in dem viele Wohnungen sind, und das wird die Stadt sein. Auf den Verbindungswegen könnt ihr die Entfernungen zu Fuß überbrücken oder mit neuen Beförderungsmöglichkeiten, die jederzeit für jeden zur Verfügung stehen. In den größeren Orten werdet ihr Plätze haben, an denen ihr euch per Gedankenkraft zu einem anderen Ort begeben könnt. Vieles von dem, was in einigen eurer sogenannten Science Fiction Bücher wunderbar beschrieben ist, wird sich tatsächlich umsetzen – nach und nach.

Ihr seid dabei, einen Ort zu schaffen, der ganz und gar frei ist von den Anhaftungen der Vergangenheit, frei von allen Abgrenzungen, von Leid, Missgunst und Angst. Eine lebenswerte Welt, in der ihr immer mehr in eurem Glück leben und Dinge tun könnt, die ihr immer tun wolltet. Die Voraussetzungen, die aus der geistigen Ebene dafür erforderlich sind, sind alle gegeben. Auch ihr habt mit eurem und den vielen Leben, die ihr gelebt habt, so viele Erfahrungen mitgebracht, die sich jetzt in diese neue Welt hinein entwickeln wollen. Aus diesen Erfahrungen heraus werdet ihr genau wissen, was zu tun ist, um diese Welt zu einer lebenswerten zu machen, in der das Paradies für alle Wesen umgesetzt wird: eine wunderschöne göttliche Welt für göttliche Wesen, die ihr alle seid.

Ich werde euch in diese Welt begleiten und auch weiter Hüter und Logos dieses Planeten sein, wenn er sich zu diesem Paradies entwickelt hat. Die Geistige Welt wird sich nach und nach für jeden Einzelnen immer deutlicher zeigen, und ihr werdet in diesem Paradies die Anknüpfung an die geistigen Ebenen viel besser sehen. Die Schleier werden nach und nach weggenommen, und ihr werdet nicht nur untereinander und mit den Wesen der Erde kommunizieren, sondern auch direkten Kontakt zu mir und den anderen geistigen Führern haben, die um die Erde sind, und selbst in eurer Entwicklung aufsteigen und bestimmte Aufgaben übernehmen, die heute von der Geistigen Welt ausgeführt werden. Dadurch könen wir woanders hingehen und andere Aufgaben erfüllen. Hier wird sich also einiges verschieben.

Ein solcher Planet des Paradieses, des Garten Edens, oder wie immer ihr ihn nennen wollt, wird anders sein als alles, was ihr kennt. Liebe, Harmonie und innere Verbundenheit mit Allem-was-ist werden eine Selbstverständlichkeit sein, die ihr nicht mehr herbeiwünschen müsst, sondern die sich tatsächlich durch eure Wünsche, Vorstellungen, Kreativität und Schöpferkraft manifestiert haben. Die Vorstellung in eurem Geist ist eine wichtige Kraft, die nach und nach immer mehr Ebenen verändert – zuerst eure persönliche und dann alles um euch herum. Jeder, der diesen Weg in Wahrhaftigkeit und Liebe geht, wird die Kraft ausstrahlen, die auch andere dazu bewegt, eigene, ähnliche Wege zu gehen.

Mit der Zeit wird sich die Schöpfung so entwickeln, wie ich es beschrieben habe, vielleicht sogar noch besser. Ihr könnt es euch in euren Gedanken und inneren Bildern ausmalen und trotzdem nicht diese Schönheit sehen. Und ihr werdet noch viel mehr sehen, als ihr es euch zum heutigen Zeitpunkt vorstellen könnt.

Eine Zukunft für alle, die hier wohnen wollen, eine Zukunft für diesen Planeten, eine Zukunft in dieser besonderen Ecke des Universums, eine Zukunft, die sich aus den verschiedenen Möglichkeiten dieser Erde heraus entwickeln wird.

Die Geistige Welt unterstützt und fördert jede liebevolle Schöpfung, die in diese Richtung wirkt. Ich wünsche euch, dass alle eure Träume, die in dieser Richtung entstehen, Wirklichkeit werden und sich so manifestieren, wie ihr euch das vorstellt. Ich bin immer mit euch und eurem Planeten und werde euch so lange begleiten, bis ich neue Aufgaben bekomme.

ICH BIN Sanat Kumara.

Sanat Kumara:
Kontakt zu den Brüdern und Schwestern der Sternenvölker

ICH BIN Sanat Kumara.

Ich grüße euch mit der Kraft der unendlichen Liebe, die durch das Universum strömt und in eurem Planetensystem – von der Sonne verstärkt – auf alle Planeten gestrahlt wird und euch in dieser Zeit im besonderen Maße erreicht. Im Laufe der Zeit hat die Entwicklung dazu geführt, dass hier eine Schwingungsveränderung stattgefunden hat, eine kleine Modifikation in der Schöpfung, sodass jetzt die Wege über das Herz, über die Körperlichkeit zurück zur geistigen Liebe neu geebnet und organisiert werden können, damit jeder von euch die Impulse bekommt, die er braucht, um den individuellen Weg zurück zu sich selbst zu finden, den individuellen Weg zu seiner Seele, zu seinem göttlichen Aspekt, der immer wacher wird, weil die Hülle sich immer mehr auflöst, damit das göttliche Licht aus euch heraus strahlen kann.

Dadurch gibt es so etwas wie ein Lauffeuer um die Erde, ein Lichtfunke, der sich immer mehr verbreitet und die Welt von Grund auf ändern wird. Nichts wird mehr so sein wie vorher. Alle Erfahrungen, die jetzt gemacht werden, werden im Licht der individuellen Verbesserung, Höherentwicklung, Weiterentwicklung gesehen werden, wenn ihr in hundert oder zweihundert Jahren eure Geschichtsschreibung anschaut. Ihr werdet dann erleben, dass nicht nur in der westlichen Welt, sondern überall auf dem Globus Veränderungen stattfinden und ein ganz neues Bild davon bekommen, wie die Menschen sich entwickeln und leben wollen und die Erde alles mit unterstützt, was im Sinne einer Entwicklung in Liebe und Herzenswärme wert ist, unterstützt zu werden.

Diese Liebe und Herzenswärme werden sich nicht nur unter den Menschen ausbreiten, nein, sie werden alle Wesensformen mit einschließen, die auf der Erde existieren. Sie werden sich hinausdehnen in den Raum, in das All, und auch diejenigen erreichen, die schon darauf warten, dass ihr euer Herz so weit öffnet, damit sie Kontakt mit euch aufnehmen können. Das geht jedoch nur, wenn ihr mit offenem Herzen auf dieser Erde lebt und die Liebe, die immer Grundlage allen Lebens und aller Entwicklung ist, in euch fühlt.

Die Zeiten, in denen euch Wesen aus dem All auf der Erde manipuliert und eingeschränkt haben, sind vorbei. Es gibt keine Möglichkeit mehr, diese wiederbeleben zu lassen, auch wenn es manchmal so scheint. Ihr werdet in nächster Zukunft immer häufiger Erlebnisse mit fremden Intelligenzen aus dem Weltraum haben, die sich euch in den verschiedensten Erscheinungsformen immer wieder zeigen werden, und eure normale Naturwissenschaft wird keine Erklärung dafür haben, wie diese Phänomene entstanden sind.

Somit wird sich das Bewusstsein, dass es tatsächlich höhere Intelligenzen gibt, die den Raum mit euch teilen, immer mehr entwickeln. Ihr werdet erkennen und lernen, dass dies ein selbstverständliches Wissen ist, das nicht mehr unterdrückt werden kann, und es tatsächlich zu weiteren Kontakten der Menschen mit diesen Wesen kommen wird, die die Erde und alle ihre Bewohner fördern und schützen. Ihr seid ein Planet, eine Wesensgemeinschaft in einer Entwicklungsphase, in der ihr diesen Schutz benötigt, weil es jetzt aus eurem Kokon der Erde hinausgeht. Ihr werdet dabei von der Raumflotte, die um euch ist, unterstützt. Manche von euch haben schon selbst Kontakt gehabt, bei anderen wird es bald so weit sein.

Ihr werdet immer deutlicher spüren, dass hier Wesenheiten mit euch im Raum sind, die nur die Liebe und das Wohlergehen für alle, die sie treffen, im Fokus haben, dass hier nichts beschützt und abgegrenzt werden muss, sondern ihr euch darauf einlassen könnt, Freunde und Hüter zu haben, die euch wie große Brüder und Schwestern in die neue Ära hineinführen und euch dabei helfen, die eigene Position innerhalb dieser galaktischen Gemeinschaft einzunehmen. Lasst euch von ihnen an die Hand nehmen und euch führen, damit ihr einen leichten Weg geht, wo die Stolpersteine schon zur Seite geräumt sind.

Der wichtigste und größte Stolperstein ist eure Angst vor fremden Rassen, vor fremden Wesenheiten, vor Ebenen des Seins, die nicht so sind wie ihr. Ihr habt ja schon ein Jahrtausendealtes Training mit allen möglichen wundersamen Tieren hinter euch, die euch das eine oder andere Mal erschreckt haben und doch immer wieder als Freunde und Begleiter auf dieser Erde erschienen sind. Und ihr werdet sehen, dass auch die Intelligenzen, die mit euch Kontakt aufnehmen, unterschiedliche Erscheinungsformen haben. Sie werden sogar ihre Erscheinungsformen wechseln können, sodass sie für euch angenehmer anzusehen sind.

Ihr seht, es ist ein weites Feld, das sich euch hier erschließen möchte, ein Riesenraum, der sich nach allen Seiten hin öffnet. Ihr werdet dabei sein, diese Seiten anzunehmen und zu erforschen und die Kontakte so für euch zu gestalten, dass ihr nach und nach alles lernen und erkennen werdet, was um euch ist.

Die Erde selbst öffnet sich den anderen Sternen. Das Sonnensystem öffnet sich. Die Pforten, die bisher geschlossen waren, werden immer durchlässiger für die intergalaktischen Strömungen, die aus der Quelle kommen, und auch für alle möglichen Kontakte zu den Sternenbrüdern und -schwestern. Ihr seid also auf dem Weg, wieder ein Teil dessen zu werden, das ihr immer wart. Nur dass es jetzt bewusster geschieht. Ihr wart natürlich als Wesen *immer* ein Teil der galaktischen Gemeinschaft, als Engelwesen, die einmal angetreten sind, auf die Erde zu gehen, immer von euren Brüdern und Schwestern aus dem All begleitet und beschützt. Jetzt werdet ihr sie wiedersehen, wiedererkennen oder sie in eurer jetzigen Gestalt neu kennenlernen. Ihr werdet also tatsächlich mit diesem menschlichen Körper Kontakt zur Welt außerhalb der Erde haben.

Hierin kann euch das Vertrauen an die Macht der Göttlichkeit dabei helfen, alles, was sich jetzt neu auftun und entwickeln will, mit den Augen der Zuversicht zu sehen. Ihr seid dann immer näher an eurem göttlichen Kern, an eurer eigenen Seele, die eine Seele der Galaxis ist, die Körperlichkeit auf der Erde sucht und gefunden hat und jetzt wieder ihre Wurzeln erkennen, ihre Herkunft sehen und die Verwandten aus dem All freundlich begrüßen möchte.

Ihr werdet mit eurem Verstand einige Kapriolen drehen, einige Umwege gehen und lernen, dass der Verstand manchmal hinderlich und wirklich nur für die dreidimensionalen Ebenen zuständig ist. Für alles andere braucht ihr euer erweitertes Bewusstsein, das von dem Verstand unterstützt wird, so lange ihr irdisch handeln wollt. Eure Gefühle, die ihr auf der Erde entwickelt habt und die tief in euren Zellen verankert sind, werden sich neu ausrichten und euch in den Begegnungen, die ihr in Zukunft erleben werdet, Neues zeigen: dass sich nicht immer alles wirklich so anfühlt – wenn es da ist –, wie es in eurem Inneren gespeichert war.

Vieles, was dort gespeichert ist, wird sich aufheben. Die Ängste werden verschwinden, die Zurückhaltung gegenüber anderen Lebensformen wird wegfallen, die

Sprachlosigkeit wird aufhören, und ihr werdet in den Begegnungen in eurer ICH BIN–Kraft sein. In dieser Kraft seid ihr allen Wesen ebenbürtig, die euch jemals begegnen. Ihr seid immer miteinander auf Augenhöhe, nicht nur auf der Erde, sondern auch mit den Brüdern und Schwestern aus Raum und Zeit. Ihr seid tatsächlich hohe Wesen aus Engelfamilien, die sich dazu entschlossen haben, in diesem Erdenkörper tiefe Erfahrungen zu machen, um mit ihnen zu ihrer Familie zurückzukehren. Die Erfahrungen dann dort mit allen zu teilen, habt ihr euch auf der Erde ausgesucht, so, wie eure Brüder und Schwestern es sich in anderen Sternensystemen ausgesucht haben. Es ist nicht so, dass alle die gleichen Erfahrungen machen wollten, sondern jeder fühlte sich zu anderen Bereichen hingezogen.

Jetzt kommt eine Zeit der Zusammenführung, in der die Erfahrungen der unterschiedlichen Lebensmöglichkeiten in diesem wunderschönen, riesigen Universum wieder geteilt werden, sodass alles im Bewusstsein aller erfahrbar ist. Hier gibt es neue Formen und Möglichkeiten, sich gegenseitig zu besuchen. Ihr werdet mit eurem Geist reisen und euren Körper zurücklassen – am Anfang. Später werdet ihr nach und nach jede einzelne Zelle eures Körpers transformieren. Ihr werdet sie verändern und Möglichkeiten finden, auch *mit* diesem Körper andere Sternensysteme aufzusuchen und dort Besuche abzustatten. Ich spreche hier aber von Zeiträumen, die wirklich in die Nähe von fünfhundert, sechshundert, siebenhundert Jahren gehen. Erst einmal werdet ihr lernen, mit eurem Körper auf dieser Erde zweihundert, dreihundert, vierhundert Jahre alt zu werden.

Ihr werdet das wiedererschaffen, was in vielen eurer alten Geschichten einmal selbstverständlich war. Es gab immer die Methusalems, die Wesenheiten, die sich – so wie St. Germain zuletzt – immer wieder regeneriert haben, um mehrere Jahrhunderte auf diesem Planeten zu agieren. Es gibt diese Möglichkeit. Und die Verbindung mit diesem Planeten, mit allem, was hier ist, mit dieser lebensspendenden Mutter Erde, die euch auf eine Art und Weise das Leben ermöglicht, wie es auf keinem anderen Planeten in dieser Leiblichkeit erfahrbar ist, hat einen so großen Charme, eine so große Bandbreite an Möglichkeiten, wie ihr sie sonst kaum findet. Es gibt nur wenige Planeten, die um Sonnen kreisen und ähnliche Bedingungen in diesem Weltraum haben, der in den nächsten Jahrhunderten von euch erforscht wird. Einige wenige gibt es, die wie euer Planet wie Kleinode im Raum sind, und ihr werdet auch diese kennenlernen.

Euer Planet wird ebenfalls nicht mehr so sein wie jetzt. Ihr werdet ihn zu einem Kleinod entwickeln, nicht nur zu einem Lernplaneten, in dem ihr alle eure eigenen Lernschritte vollzogen habt. Über die Jahrtausende hinweg habt ihr eure Entwicklung so gestaltet, dass ihr jetzt sozusagen wieder aus den Kinderschuhen herauskommt, in eine Zeit, in der ihr die gesamte Erde mit allen Wesen und

Planeten so mitgestaltet, dass eine friedliche, liebevolle, herzliche, göttliche Welt entsteht, in der jedes Wesen so sein kann, wie es sich das vorgestellt hat. So entsteht hier eine Gesellschaft, in der jeder jeden unterstützt und in der alle Zeit der Welt ist, um alles zu sehen, kennenzulernen, und dadurch die eigenen Möglichkeiten so zu vertiefen, dass es Spaß macht, über Jahrhunderte hinweg in den verschiedenen Gegenden dieses Planeten Erfahrungen zu sammeln.

Ihr werdet nach und nach – vielleicht nicht in diesem Leben, aber in einem zukünftigen – einige wunderbare Entwicklungen mitkreieren und eine Welt erschaffen haben, die ihr dann wirklich das Paradies auf Erden nennen und über die ihr sagen könnt: „Das ist es, was wir uns vorgestellt haben. Diesen inneren Frieden, diese Möglichkeit zu existieren, diese Möglichkeiten, mit allen Erscheinungsformen zu kooperieren und immer wieder Neues zu gestalten und die Unendlichkeit der Schöpfung mit den eigenen Ideen und Wahrheiten zu bereichern." Das ist es, was ihr immer wolltet. Und ihr werdet es tun, als Menschheit, als Einzelne und in kleineren und größeren Gemeinschaften.

Ihr werdet Dörfer und Städte bilden, die natürlichen Materialien so angepasst sind, dass das, was ihr im Moment habt, wie ein großer Haufen Abfall aussehen wird. Eure heutigen Städte, Dörfer und Gemeinschaftsgebäude werden in keiner Weise mehr mit dem übereinstimmen, was ihr in Zukunft schaffen werdet. Ihr werdet Gebäude herstellen, die so filigran sind, dass ihr mit eurem heutigen Bewusstsein denkt, sie würden nicht halten, und Materialien finden, die so durchscheinend und edel sind, dass ihr staunend davorsteht. Mit Bäumen, Pflanzen und Tieren, Steinen, Flüssen und Seen werdet ihr so enge Gemeinschaften bilden und diese Materialien, die euch auf natürliche Weise zur Verfügung stehen, mit eurer eigenen Kraft der Gedanken, der Schöpfungskraft, so verändern können, dass ihr nach und nach alles, was ihr erschafft, zu einem Kunstwerk macht. Jedes Gebäude, jedes Haus, jede Wohnstätte wird zu einem Kunstwerk und zu einer Ode an die Schöpferkraft, zu einem Gebet der göttlichen Liebe.

Auch euer Zusammenleben wird sich eher wie ein großes gemeinschaftliches Gebet anfühlen, wie ein Gesang, eine wunderschöne Harmonie, die in jedem von euch klingt. Die Musik, die Sprache und euer Tun verschmelzen miteinander und lassen eine immense schöpferische Kraft entstehen, und ihr Menschen – ihr tanzt diesen Tanz der Schöpfung mit und schafft aus all diesen Bereichen, die euch heute noch mühsam und hart vorkommen, eine schöpferische Ebene der Leichtigkeit und der Herzlichkeit. Das ist eine Art des Zusammenlebens, die ihr euch heute noch nicht einmal in euren kühnsten Träumen vorstellen könnt.

Ihr steht jetzt – und auch in den nächsten Jahren – am Anfang dieser Neuen Zeit, am Anfang der Entwicklung in ein Leben hinein, das wirklich alles einschließt und in dem unendliche Möglichkeiten vorhanden sind, die ihr in ihrer Vielfalt noch erforschen und erfahren wollt. Schon jetzt seid ihr oft auf der Suche nach Veränderungen, die euch immer weiterführen wird, bis ihr das gefunden habt, was euch glücklich und zufrieden macht.

So werdet ihr mit dieser neuen Schöpfung Erde ein Anlaufpunkt für andere Wesen aus dem Weltenraum sein, die andere Ebenen des Seins kreiert und geschaffen haben. Ihr werdet ihnen *euer* Leben auf der Erde zeigen und sie euch *ihre* Lebensformen und Möglichkeiten auf ihren Planeten und Sternenebenen. Es wird also ein reger Austausch stattfinden, und dieser wird euch beflügeln, noch mehr Schönes und Erhabenes zu erschaffen – einen Planeten, der das Paradies von einst in den Schatten stellen wird.

Dann wird die Zeit kommen, in der viele von euch Aufgaben übernehmen, die heute eher von den Engeln und Aufgestiegenen Meistern ausgeführt werden: die Kontakte zu anderen Sternenvölkern, zu den nächsten Ebenen der Engelwesen zu halten. So werdet ihr nach und nach in eurer Schwingungsfrequenz so hoch steigen, dass ihr die nächste Ebene der Schwingung erreicht. Und irgendwann einmal wird der Zeitpunkt kommen, an dem ihr in der fünften, sechsten Generation als Methusalem keine Lust mehr habt, in einem Körper zu sein und dann endgültig in die nächsthöhere Dimension aufsteigen. Aber bis dahin habt ihr noch viele wunderbare Jahrhunderte in eurem Körper, der nicht mehr so aussehen wird wie heute, und auf dieser Erde, die auch nicht mehr ganz so aussehen wird.

Und dann werdet ihr erkennen – jeder für sich selbst – welche Aufgabe jeder Einzelne jetzt aus den mannigfaltigen Aufgaben übernimmt, die ich bis dahin gehalten habe. Als Menschheit bildet ihr ein neues, kraftvolles Energiepotenzial, das die Kraft des Planeten Erde mitträgt. Bis dahin werden wir uns noch oft begegnen und austauschen. Ich freue mich auf diese Zusammenarbeit und darauf, dass wir mit allen Wesen des Himmels und der Erde diese Möglichkeiten geschaffen haben.

Ich bin bei euch. Die Liebe der schöpferischen Energie und die Kraft, die aus der Quelle der Schöpfung strömt, sind immer bei euch.

ICH BIN Sanat Kumara, und ich grüße euch auf das Herzlichste.

Karin & Gerold Voß
Sanat Kumara – Werde ein offener Kanal
Channeltraining mit den Meistern der göttlichen Strahlen
208 Seiten, A5, broschiert
ISBN 978-3-941363-82-3

Die Neue Zeit ist da, und mit ihr sind alle Potenziale vorhanden, selbstbewusst mit der Geistigen Welt Kontakt aufzunehmen und zu erweitern.
Die Botschaften der göttlichen Strahlen können für viele eine Initiation sein, um mit einem offeneren Bewusstsein weiterzugehen und eine größere Klarheit in allen Lebensbereichen zu erreichen.
Die Liebe, die einmal das ganze Feld des Seins durchstrahlen wird, kann noch nicht immer gefühlt werden. Es gibt noch „Baustellen" und innere Anteile in vielen Menschen, die noch nicht ganz in Harmonie sind.
Sanat Kumara und die Meister/innen der göttlichen Strahlen wirken mit ihren speziellen Energien auf das Chakrensystem, um es zu reinigen und in Balance zu bringen. Das ist die Voraussetzung dafür, dass sie in Zukunft zu einem einzigen, über das Herz orientierten Energiefeld werden. Dadurch öffnet sich in jedem Menschen der Kanal zwischen Himmel und Erde.

Tef Fonfara
Die Kraft der spirituellen Transformation
Humor, Harmonie, Heilung
288 Seiten, A5, gebunden, mit Leseband
ISBN 978-3-941363-84-7

Ein Rabe fliegt am Fenster vorbei und verändert die Welt. Es beginnt eine Geschichte um das Zusammenspiel magischer Zufälle, beobachtet aus der fünften Etage mitten in der Stadt. Tef Fonfara erzählt humorvoll, warum wir in der weltlichen Realität die wesentlichen Dinge nicht sehen können, welche Kraft die Gedanken haben und wie wir sie wirksam machen können. Die Freundschaft zu einem Raben ist der Anfang einer Ereigniskette um Wahrnehmungen, die bisherige Denkmuster als ungültig erklären. Der Autor beschreibt feinstoffliche Gesetze, die ihre geheimnisvolle Wirkung haben. Er erklärt unterhaltsam esoterische Prinzipien und geht tief ins Detail: Jeder kann sich heilen. Jeder kann die Welt verändern. Und es geht um mehr, denn Humor, Harmonie und Heilung bedeuten dasselbe. Wir werden erinnert, dass wir nur unsere göttlichen Fähigkeiten vergessen haben und wer wir eigentlich sind.

Daivika
Die Sprache der Götter
Meilensteine in die Ewigkeit
104 Seiten, broschiert
ISBN 978-3-95531-005-9

MUTTER MARIA, BUDDHA, KRYSTOS und HERA führen sanft an die ersten Meilensteine heran, füllen die Schatzkammer eines jeden Herzens und verbinden es mit der Schöpferkraft der Seele.
Jeder neue Meilenstein gibt die Möglichkeit, tiefer in die Heiligkeit des Lebens einzutauchen. LADY VENUS, SANAT KUMARA, SANANDA, BLUESTAR, SHANDRA, AMRITA, WHITE EAGLE und GÖTTIN HINA bereiten langsam auf den letzten Meilenstein vor, am dem die Göttinnen der Vierheit ISIS, NEPHTHYS, SELKET, NEITH zu einer Reise einladen, während dieser sich 147 Türen leise hinter uns schließen und der liebende Hauch des kosmischen Hauses sich sanft mit unserem Atem verbindet.

Malenia Kay
Herzensworte der Aufgestiegenen Meister
Aufbruch in die Wahrheit
200 Seiten, broschiert
ISBN 978-3-95531-006-6

16 bekannte Aufgestiegene Meister richten Herzensworte der reinen Liebe und des Lichts aus der höchsten göttlichen Quelle an die Menschheit, um zu klären, zu erklären, zu ermutigen und zu stärken.
Jeder von ihnen bringt seine eigene, wahrhaftige Botschaft dar zu verschiedenen Themen, Fragen oder Begriffen der Neuen Zeit, denn nie zuvor war das Tor zu einer höheren Bewusstseinsebene und einer neuen Seelenenergie so nah wie jetzt. Alles und nichts wird infrage gestellt, denn der physikalische sowie der übergeordnete energetische Aufstieg des Energiefelds der Erde wirken auf alle Lebewesen ein und verändern alles.

Shalin Alisha Desmûn
Einweihung in die Drachenflammen
Meisterweg zur Selbstermächtigung
292 Seiten, geb., mit Leseband
ISBN 978-3-95531-007-3

Die Drachen sind uralte Seelenführer und Meister im Erschaffen und Lenken von Energien und Elementen. Durch die Neue Zeit wurde der tiefere Kontakt zwischen Drachen und Menschen wieder möglich, und dem Weißen Königsdrachen ist es ein großes Anliegen, alte Wunden aus der gemeinsamen Vergangenheit zu heilen und den Menschen das zurückzubringen, was sie an schöpferischen Kräften und Fähigkeiten in sich verloren (geglaubt) oder verschlossen haben.
Jeder lernt seinen persönlichen Drachenfreund/seine persönliche Drachenfreundin kennen und heilt mit ihm/ihr Seite an Seite.
Durch jeden Menschen, der sich den Drachen wieder öffnet, fließt beiden Partnern die liebevolle Selbstermächtigung zu, gemeinsam zu heilen und Neues zu erschaffen.

Ulrike Koller & Raimund Stix
Das Leben in der 5. Dimension
21 Briefe an die Menschheit
196 Seiten, Großformat, broschiert
ISBN 978-3-95531-010-3
Mit zahlreichen farbigen Abbildungen

Dieses Werk dient als Hilfestellung im Umgang mit dem Erwachungsprozess in der 5. Dimension. Den Autoren gelingt es in einer leicht verständlichen und manchmal humorvollen Form, den Leser in Dialogen an brisante Themen der Menschheit heranzuführen und diese auf den Punkt zu bringen.
Es werden ebenso Antworten auf die zahlreichen Fragen des Lebens in voller Klarheit und göttlicher Liebe übermittelt. Die Worte und Schwingungen fließen beim Lesen in das gesamte Bewusstsein ein und führen zu tiefgreifenden Erkenntnissen und Bewusstseinsöffnungen.
Die Ganzheit dieses Buches zeigt sich in einer wunderbaren Kombination der empfangenen Botschaften und grandiosen Aufnahmen von Mutter Erde.

Zora Gienger
Das große Einhorn-Engel-Buch
Erwecke die Einhorn-Engel-Kraft in dir
288 Seiten, geb., mit Leseband
ISBN 978-3-95531-002-8

Wer sind die Einhorn-Engel-Menschen? Was zeichnet sie aus? Und wieso ist es jetzt so wichtig, dass sich so viele wie möglich untereinander vernetzen, um dem gesamten Planeten mit ihrer liebenden, reinen, ritterlichen und aufrichtigen Herzensenergie zur Seite zu stehen? Diese Fragen und viele mehr werden hier beantwortet und wer diese Eigenschaften in sich trägt. Darüber hinaus sind viele Übungen enthalten, die es jedem ermöglichen, Einhorn-Engel-Eigenschaften in sich zu integrieren.
Ein Buch, das weit über das bisherige Wissen über Einhörner hinausgeht, denn bisher offenbaren sich die Einhörner nur wenigen Menschen in ihrer gesamten Energie. Doch nun ist es Zeit, dass sich nicht nur die Einhörner zeigen, sondern sich auch die Menschen wiedererkennen, die die Einhorn-Kraft in sich tragen.

Ava Minatti
Sternenfelder der Heilung
208 Seiten, broschiert
ISBN 978-3-95531-003-5

Wir sind aus Sternenstaub geboren. Wir sind Sternenkinder. Deshalb ist die Sehnsucht nach den Sternenwelten tief in uns verwurzelt und das Betrachten des funkelnden Nachthimmels löst so viel Vertrautes in uns aus.
In der jetzigen, Neuen Zeit wird die Materie durchlässiger und der Austausch mit den Sternenebenen und Sternenwesen deutlicher, klarer und intensiver. Die Zellen kommunizieren mit und reagieren auf die kosmischen Kräfte.
Jeder Sternenraum beinhaltet eine einzigartige Energie, die jeder für sich nutzen darf, um das Heilsein im Hier und Jetzt zu erfahren und zu feiern.

Christiane Zen
Das Orakel des Goldenen Zeitalters
Magische Zahlen weisen dir den Weg in die Neue Zeit
40 Karten mit Begleitbuch
ISBN 978-3-95531-011-0

Unsere Engel, Seelenführer und Aufgestiegenen Meister wollen, dass wir unseren Weg selbst bestimmen, finden und gehen. Doch sie haben uns heimlich ein Navi zugesteckt, bevor wir uns auf den Weg zur Erde gemacht haben. Wo es ist? – Du hältst es gerade in deinen Händen!
Dieses Kartenset beantwortet alle deine Fragen in der Sprache der Neuen Zeit. Schritt für Schritt wird dein Weg für dich sichtbar, und ganz nebenbei zeigen dir deine Engel, dass du die Sprache des Lichts nicht verlernt hast. Jede Karte ist ein Unikat für sich und wird getragen von einer einzigartigen Energie, die du sofort spüren kannst.
Mit den enthaltenen Informationen kannst du dein Energiefeld und deinen Organismus synchronisieren, auf die Energien der Neuen Zeit ausrichten und dich von ihnen tragen lassen. Die magischen Zahlen entfalten ihre Wirkung für dich, auch wenn du nicht an sie denkst.